U0929531

青青边愁

余光中 著

国际文化出版公司
·北京·

图书在版编目（CIP）数据

青青边愁 / 余光中著. — 北京：国际文化出版公司，2013.12
ISBN 978-7-5125-0633-6

Ⅰ. ①青… Ⅱ. ①余… Ⅲ. ①散文集－中国－当代
Ⅳ. ①I267

中国版本图书馆CIP数据核字（2013）第296979号

青青边愁

作　　者	余光中
责任编辑	戴　婕
特约编辑	范彦凤
美术编辑	睿佳工作室
出版发行	国际文化出版公司
经　　销	新华书店
印　　刷	三河市中晟雅豪印务有限公司
开　　本	870mm×1230mm　　32开
	10印张　　192千字
版　　次	2014年2月第1版
	2014年2月第1次印刷
书　　号	ISBN 978-7-5125-0633-6
定　　价	26.00元

国际文化出版公司
北京朝阳区东土城路乙9号　　邮编：100013
总编室：（010）64271551　　传真：（010）64271578
销售热线：（010）64271187
传真：（010）64271187-800
E-mail：icpc@95777.sina.net
http://www.sinoread.com

新版前言

《青青边愁》是我中年的散文集，所收几乎全是我香港时期前三年的作品，有的抒情，有的议论，有的是长文，有的是小品，体例相当庞杂。当时是由林海音主持的纯文学出版社印行，销路不恶，可惜该社于1995年结束后，此书就未再重印。飘零这许多年，才像秦俑出土，转由九歌展出。

这三十多篇作品，按其性质分成四辑，其背景在纯文学版的后记里已经详述。书出之后，也曾引起一些反应。例如《高速的联想》、《沙田山居》、《尺素寸心》三篇抒情文，都常入选散文选集，甚至译成英文或纳入课本。评析戴望舒、闻一多、郭沫若、朱自清等民初作家的几篇，传入大陆以后，也曾引起不少的讨论，正反两面都有，反面的尤为激烈，甚至说我的动机是出于政治意识。其实我对早期的作家与学者，例如沈从文、卞之琳、辛笛、陆蠡、朱光潜、钱锺书等一向都有好评，甚至自承臧克家的《烙印》也曾启发过我。

《想象之真》一篇，是1976年国际笔会年会的议题，典出济慈致友人的书简。我原来是用英文写的，事后回到香港，才改写为中文，与原文稍有出入。其实我还有一些文章，例如为第十五届世界诗人大会写的主题演讲词：《缪斯未亡》，也是先有英文稿而后译成中文的。

至于书名《青青边愁》，则是因为当时我在香港，等于从后门远望故乡，乃有边愁。边愁而云青青，乃是联想到苏轼隔水北望之句："青山一发是中原"。

余光中 2010年2月23，西子湾

目录

第一辑

第二辑

第三辑

第四辑

第一辑——

不朽，是一堆顽石？

那天在悠悠的西敏古寺里，众鬼寂寂，所有的石像什么也没说。游客自纽约来，游客自欧陆，左顾右盼，恐后争先，一批批的游客，也吓得什么都不敢妄说。岑寂中，只听得那该死的向导，无礼加上无知，在空厅堂上指东点西，制造合法的噪音。十个向导，有九个进不了天国。但最后，那卑微断续的噪音，亦如历史上大小事件的骚响一样，终于寂灭，在西敏古寺深沉的肃穆之中。游客散后，他兀自坐在大理石精之间，低回久不能去。那些石精铜怪，百魄千魂的噤嘿之中，自有一种冥冥的雄辩，再响的噪音也辩它不赢，一层深似一层的阴影里，有一种音乐，灰朴朴地安抚他敏感的神经。当晚回到旅舍，他告诉自己的日记："那是一座特大号的鬼屋。徘徊在幽光中，被那样的鬼所祟，却是无比的安慰。大过瘾。大感动。那样的被崇等于被祝福。很久。没有流那样的泪了。"

说它是一座特大号的鬼屋，一点也没错。在那座嵯峨的中世纪古寺里，幢幢作祟的鬼魂，可分三类。掘墓埋骨的，是实鬼。立碑留名的，是虚鬼。勒石供像的一类，有虚有实，无以名之，只好叫它做石精了。而无论是据墓为鬼也好，附石成精也好，这座古寺里的鬼籍是十分杂乱的。帝王与布衣，俗众与僧侣，同一拱巍巍的屋顶下，鼾息相闻。高高低低，那些嶙峋的雕像，或立或坐，或倚或卧，或镀金，或敷彩，异代的血肉都化为同穴的冷魂，一矿的顽块。李白所说“屈平词赋悬日月，楚王台榭空山丘”，在此地并不适用。在西敏寺中，诗人一隅独拥，固然受百代的推崇，而帝王的墓穴，将相的遗容，也遍受四方的游客瞻仰。1966年，西敏寺庆祝立寺九百年，宣扬的精神正是“万民一体”。

西敏寺的位置，居伦敦的中心而稍稍偏南，诗人斯宾塞笔下的“风流的泰晤士河”在其东缓缓流过，华兹华斯驻足流连的西敏寺大桥凌乎波上，在寺之东北。早在公元七世纪初年，这块地面已建过教堂。1065年，敕建西敏寺的英王，号称“忏悔的爱德华”。次年诺曼底公爵威廉北渡海峡，征服了大不列颠，那年的耶诞节就在西敏寺举行加冕大典，成为法裔的第一任英王。从此，在西敏寺加冕，成了英国宫廷的传统，而历代的帝王卿相高僧名将皇后王子等等，也纷纷葬在寺中。不葬在此地的，也往往立碑勒铭，以志不忘。西敏寺，是一座大理石砌的教堂，七色的玻璃窗开向天国，至今仍是英国人每日祈祷的圣殿。但同时是一座石气阴森阳光罕见的博物巨馆，石椁铜棺，拱门回廊，无一不通向死亡，无一不通向幽暗的过去。

对于他，西敏古寺不止是这些。坐在南翼大壁画前的古木排椅上，两侧是历代诗人的雕像，凌空是百尺拱柱高举的屋顶，远眺北翼，历代将相成排的白石立像尽处是所罗门的走廊，其上是直径二十英尺的蔷薇圆窗，七彩斑斓的蔷瓣上，十一使徒的绘像，染花了上界的天光——这么坐着，仰望着，恍恍惚惚，神游于天人之际，西敏寺就是一部立体的英国历史，就是一部，尤其是对于他，石砌的英国文学史。

不敢高声语，恐惊天上人。诗人之隅，他是屏息敛气，放轻了脚步走进来的。忽然他已经立在诗魂蠢动的中间，四周，一尊尊的石像，顶上，一方方的浮雕，脚下，一块接一块的纪念碑平嵌于地板，令人落脚都为难。天使步踌躇，妄人踹莫顾，他低吟起颇普的名句来。似曾相识的那许多石像，逼近去端详，退后来打量，或正面瞻仰，或旁行侧望，或碑文喃喃以沉吟，或警句津津而冥想，诗人虽一角，竟低回了两个小时。终于在褐色的老木椅上坐下来，背着哥德斯密司的侧面浮雕，仰望着崇高的空间怔怔出神。六世纪的英诗，巡礼两小时。那么多的形象，联想，感想，疲了，眼睛，酸了，肩颈，让心灵慢慢去调整。

最老的诗魂，是六百多岁的乔叟。诗人晚年贫苦，曾因负债被告，乃戏笔写了一首谐诗，向自己的阮囊诉穷。亨利四世读诗会意，加赐乔叟年俸。不到几个月，乔叟却病死在寺侧一小屋中，时为1400年10月25日。寺方葬他在寺之南翼，尸体则由东向的侧门抬入。但身后之事并未了结。原来乔叟埋骨圣殿，不是因为他是英诗开卷的大师，或什么“英诗之父”之类的名义——那都是后来的事——而是因为他做过朝官，当过宫中的工务总监，死前的寓所又恰是寺方所赁。七十多年后，卡克斯敦在南翼墙外装置了英国第一架印刷机，才向寺方请准在乔叟墓上刻石致敬，说明墓中人是一位诗人。又过了八十年的光景，英国人对自己的这位诗翁认识渐深，乃于1556年，把乔叟从朱艾敦此时立像的地点，迁葬于今日游客所瞻仰的新墓。当时的诗人名布礼根者，更为他嵌立一方巨碑，横于硕大典丽的石棺之上，赫赫的诗名由是而彰。其后又过百年，大诗人朱艾敦提出“英诗之父，或竟亦英诗之王”之说，乔叟的地位更见崇高。所谓寂寞身后事，看来也真不简单。盖棺之论难定，一个民族，有时要看上几十年几百年，才看得清自己的诗魂。

乔叟死后二百年，另一位诗人葬到西敏寺来。1598年的耶诞前夕，斯宾塞从兵燹余烬的爱尔兰逃来伦敦，贫病交加，不到一月便死了。亲友遵他遗愿，葬他于乔叟的墓旁，他的棺木入寺，也是经由当年的同一道侧门。据说写诗吊他的诗友，当场即将所写的诗和所用的笔一齐投入墓中陪葬。直到1620年，杜赛特伯爵夫人才在他墓上立碑纪念，可见斯宾塞死时，诗名也不很隆。

其实盛名即如莎士比亚，盖棺之时，也不是立刻就被西敏寺接纳的。英国最伟大的诗人，死于1616年，却要等到1740年，在寺中才有石可托。1674年弥尔顿死时，清教徒的革命早已失败，在政治上，弥尔顿是一个失势的叛徒。时人报导他的死讯，十分冷淡，只说他是“一个失明的老人，书写拉丁文件维生”。六十三年之后，他长发垂肩的半身像才高高俯临于诗人之隅。

西敏寺南翼这一角，成为名诗人埋骨之地，既始于乔叟与斯宾塞，到了十八世纪，已经相沿成习。1711年，散文家艾迪生在《阅世小品》里已经称此地为“诗人之苑”，他说：“我发现苑中或葬诗人而未立其碑，或有其碑而未葬其人。”至于首先使用“诗人之隅”这名字的，据说是后来自己也立碑其间的哥德斯密司。

诗人之隅的形成，是一个缓慢的传统而且不规则。说它是石砌的一部诗史吧，它实在建得不够严整。时间那盲匠运斤成风，鬼斧过处固然留下了骇目的神工，失手的地方也着实不少。例如石像罗列，重镇的诗魁文豪之间就缭绕着一缕缕虚魅游魂。有名无实，不，有石无名，百年后，犹飘飘浮浮没有个安顿。雪莱与济慈，有碑无像。柯尔律治有半身像而无碑。相形之下，普赖尔（Matthew Prior）不但供像立碑，而且天使环侍，独据一龛，未免大而无当了。至于谢德威尔（Thomas Shadwell）不但浮雕半身，甚且桂冠加顶，帷饰俨然，乍睹之下，他不禁哑然失笑，想起的，当然是朱艾敦那些断金削玉冷锋凛人的千古名句。朱艾敦的讽刺诗犹如一块坚冰，谢德威尔冥顽的形象急冻冷藏在里面，透明而凝定。谢德威尔亦自有一种不朽，但这种不朽不是他自己光荣挣来的，是朱艾敦给骂出来的，算是一种反面的永恒，否定的纪念吧。跟天才吵架，是没有多大好处的。

诗人之隅，不但是历代时尚的纪录，更是英国官方态度的留影。拜伦生前名闻全欧，时誉之隆，当然有资格在西敏寺中立石分土，但是他那叛徒的形象，法律，名教，朝廷，皆不能容，注定他是要埋骨异乡。浪漫派三位前辈都安葬本土，三位晚辈都魂游海外，叶飘飘而归不了根。拜伦死时，他的朋友霍普浩司出面呼吁，要葬他在西敏寺里而不得。其后一个半世纪，西敏寺之门始终不肯为拜伦而开。十九世纪末年，又有人提议为他立碑，为住持布瑞德礼所峻拒，引起一场论战。直到1969年5月，诗人之隅的地上才算为这位浪子奠了一方大理石碑，上面刻着："拜伦勋爵，1824年逝于希腊之米索朗吉，享年三十六岁。"英国和她的叛徒争吵了一百多年，到此才告和解。激怒英国上流社会的，是一个魔鬼附身的血肉之躯，被原谅的，却是一堆白骨了。

本土的诗人，魂飘海外，一放便是百年，外国的诗客动高供在像座上，任人膜拜，是诗人之隅的另一种倒置。莎士比亚、弥尔顿、布雷克、拜伦，都要等几十年甚至百年才能进寺，新大陆的朗费罗，死后两年便进来了。丁尼生身后的柱石上，却是澳洲的二流诗人高登（A.L.Gordon）。颇普不在，他是天主教徒。洛里爵士也不在，他已成为西敏宫中的冤鬼。可是大诗人叶芝呢，他又在哪里？

甚至诗人之隅的名字，也发生了问题。南翼的这一带，鬼籍有多么零乱。有的鬼实葬在此地，墓上供着巍然的雕像，像座刻着堂皇的碑铭，例如朱艾敦、约翰逊、江森。至于葬在他处的诗魂，有的在此只有雕像和碑铭，例如华兹华斯和莎翁，有的有像无碑，例如柯尔律治和斯考特，有的有碑无像，例如拜伦和奥登。生前的遭遇不同，死后的待遇也相异，这些幽灵之中，除诗魂之外，尚有散文家、小说家、戏剧家、批评家、音乐家、学者、贵妇、僧侣和将军，诗人的一角也不尽归于诗人。大理石的殿堂，碑接着碑，雕像凝望着雕像，深刻拉丁文的记忆英文的玄想。圣乐绕梁，犹缭绕韩德尔的雕像。哈代的地碑毗邻狄更斯的地碑。麦考利偏头侧耳，听远处，历史迂缓的回音？巧舌的名伶，贾礼克那样优雅的手势，掀开的绒幕里，是哪一出悲壮的莎剧？

而无论是雄辩滔滔或情话喃喃，无论是风琴的圣乐起伏如海潮，大理石的听众，今天，都十分安宁，冷石的耳朵，白石的盲瞳，此刻都十分肃静。游客自管自来去，朝代自管自轮替，最后留下的，总是这一方方、一棱棱、一座座，坚冷凝重的大理白石。日磋月磨，不可磨灭的石精石怪永远祟着中古这厅堂。风晚或月夜，那边的老钟楼当当敲罢十二时，游人散尽，寺僧在梦魇里翻一个身，这时，石像们会不会全部醒来，可惊千百对眼瞳，在暗处矍矍眈眈，无声地旋转。被不朽罚站的立像，这时，也该换一换脚了。

因为古典的大理石雕像，在此地正如在他处一样，眼虽睁而无瞳如盲。传神尽在阿堵，画龙端待点睛。希腊人放过这灵魂的穴口，一任它空空茫茫面对着大荒，真是聪明，因为石像所视不是我们的世界，原不由我们向那盈寸间去揣摩，妄想。什么都不说的，说得最多。倚柱支颐，莎翁的立姿，俯首沉吟，华兹华斯的坐像，朱艾敦的儒雅，弥尔顿的严肃。诗人之隅大大小小的石像，全身的，半身的，侧面浮雕的，全盲了那对灵珠，不与世间人的眼神灼灼相接。天人之间原应有一堵墙，哪怕是一对空眶。

死者的心声相通，以火焰为舌，
活人的语言远不可接。

所以隐隐他感到，每到午夜，这一对对伪装的盲睛，在暗里会全部活起来，空厅里一片明灭的青磷。但此刻正是半下午，寺门未闭，零落的游客三三两两，在厅上逡巡犹未去。

也就在此时，以为览尽了所有的石魂，一转过头去，布雷克的青铜半身像却和他猛打个照面！刚强坚硬的圆头颅光光，额上现两三条纹路像凿在绝壁上，眉下的岩穴深深，睁，两只可怖的眼睛，瞳孔漆漆黑，那眼神惊愕地眺出去，像一层层现象的尽头骤见到，预言里骇目的远景，不忍注目又不能不逼视。雕者亦惊亦怒，铜像亦怒亦惊，鼻脊与嘴唇紧闭的棱角，阴影，塑出瘦削的颊骨沉毅的风神。更瘦更刚是肩胛骨和宽大的肩膀，头颅和颈项从其上挺起矗一座独立的顽岗。先知就是那样。先知的眼睛是两个火山口，近处的空气都怕被灼伤。惶惶然他立在那铜像前，也怕被灼伤又希望被灼伤。于是四周的石像都显得太驯服太乖太软弱太多脂肪，锁闭的盲瞳与盲瞳之间唯有这铜像瞋目而裂眥。古典脉脉。现代眈眈。

铜像是艾普斯坦的杰作。千座百座都兢兢仰望过，没一座令他悸栗震动像这座。布雷克默默奋斗了一生，老而更贫，死后草草埋彭山的荒郊，墓上连一块碑也未竖。生前世人都目他为狂人，现在，又追认他为浪漫派的先驱大师，既叹其诗，复惊其画。艾普斯坦的雕塑，粗犷沉雄出于罗丹，每出一品，辄令观者骇怪不安。这座青铜像是他死前两年的力作，那是1957年，来供于诗人之隅，正是布雷克诞生的两百周年。承认一位天才，有时需要很久的时间。

诗人之隅虽为传统的圣地，却也为现代而开放。现代诗人在其中有碑题名者，依生年先后，有哈代、吉普林、梅士菲尔、艾略特、奥登。如以对现代诗坛的实际影响而言，则尚有布雷克与霍普金斯。除了布雷克立有雕像之外，其他六人的长方形石碑都嵌在地上。年代愈晚，诗人之隅要供置石像便愈少空间，鬼满为患，后代的诗魂只好委屈些，平铺在地板上了。哈代的情形最特别：他之入葬西敏寺，小说家的身份恐大于诗名，同时，葬在寺里，是他的骨灰，而他的心呢，却照他遗嘱所要求，是埋在道且斯特的故乡。艾略特和奥登，死后便入了诗人之隅，足证两人诗名之盛，而英国的政教也不厚古人而薄今人，奥登是入寺的最后一人。他死于1973年9月，葬在奥地利。第二年10月，他的地碑便在西敏寺揭幕，由桂冠诗人贝吉曼献上桂冠。

下一位可轮到贝吉曼自己？奥登死时才六十六岁，贝吉曼今年却已过七十。他从东方一海港来乔叟和莎翁的故乡，四十多国的作家也和他一样，自热带自寒带的山城与水港，济慈的一笺书，书中的一念信仰，群彦倜傥要仔细参详。七天前也是一个下午，他曾和莎翁的诗苗诗裔分一席讲坛；右侧是白头怒发鹰颜矍然的史班德，再右，是清瘦而易愠的罗威尔，半被他挡住的，是贝吉曼好脾气的龙钟侧影。罗威尔是美国人，虽然西敏寺收纳过朗费罗、亨利·詹姆斯、艾略特等几位美国作家，看来诗人之隅难成为他的永久户籍。然则史班德的鹰隼，贝吉曼的龙钟，又如何？两人都有可能，贝吉曼的机会也许更大，但两人都不是一代诗宗。史班德崛起于三十年代，一度与奥登齐名，并为牛津出身的左翼诗人。四十年的文坛和政局，尘土落定，愤怒的牛津少年，一回头已成历史——出征时那批少年誓必反抗法西斯追随马克思，到半途旗摧马蹶壮士齐回头，遥挥手，别了那眩目而不验的神。The God That Failed! 奥登去花旗下，作客在山姆叔叔家，佛洛伊德，祈克果，一路拜回去回到耶稣。戴路易斯继梅士菲尔做桂冠诗人，死了已四年。麦克尼斯做了古典文学教授，进了英国广播公司，作古已十三载。牛津四杰只剩下茕茕这一人，老矣。白发皑皑的诗翁坐在他右侧，喉音苍老迟滞中仍透出了刚毅。四十年来，一手挥笔，一手麦克风，从加入共党到诀别马列，文坛政坛耗尽了此生。而缪斯呢是被他冷落了，二十年来已少见他新句。诗名，已落在奥登下，传诵众口又不及贝吉曼，史班德最后的地址该不是西敏寺。诗人之隅，当然也不是缪斯的天秤，铢两悉称能鉴定诗骨的重轻，里面住的诗魂，有一些，不如史班德远甚。诗人死后，有一块白石安慰荒土，也就算不寂寞了，有一座大教堂峥嵘而高，广蔽历代的诗魂把栩栩的石像萦绕，当然更美好。但一位诗人最大的安慰，是他的诗句传诵于后世，活在发烫的唇上快速的血里，所谓不朽，不必像大理石那样冰凉。

可是那天下午，南翼那高挺的石柱下坐着，四周的雕像那么宁静地守着，他回到寺深僧肃的中世纪悠悠，缓缓地他仰起脸来仰起来，那样光灿华美的一扇又一扇玻璃长窗更上面，猗猗盛哉是倒心形的蔷薇巨窗天使成群比翼在窗口飞翔。耿耿诗魂安息在这样的祝福里，是可羡的。十九世纪初年，华兹华斯的血肉之身还没有僵成冥坐的石像，丁尼生、勃朗宁犹在孩提的时代，这座哥德式的庞大建筑已经是很老很老了——烟熏石黑，七色斑斑黑线勾勒的厚窗蔽暗了白昼。涉海来拜的伊尔文所见的西敏寺，是“死神的帝国：死神冠冕俨然，坐镇他宏伟而阴森的宫殿，笑傲人世光荣的遗迹，把尘上和遗忘满布在君王的碑上。”今日的西敏寺，比伊尔文凭吊时更老了一百多岁，却已大加刮磨清扫：雕门镂扉，铜像石碑，色彩凡有剥落，都细加髹绘，玻璃花窗新镶千扇，烛如复瓣的大吊灯，一蕊蕊一簇簇从高不可仰的屋顶拱脊上一落七八丈当头悬下来，隐隐似空中有飘渺的圣乐，啊这永生的殿堂。

对诗人自己说来，诗，只是生前的浮名，徒增扰攘，何足疗饥，死后即使有不朽的远景如蜃楼，墓中的白骸也笑不出声来。正如他，在一个半岛的秋夜所吟：

倘那人老去还不忘写诗
灯就陪他低诵又沉吟
身后事付乱草与繁星

但对于一个民族，这却是千秋的盛业，诗柱一折，文庙岌岌乎必将倾。无论如何，西敏寺能辟出这一隅来招诗魂，供后人仰慕低回，挹不老桂枝之清芳，总是多情可爱的传统。而他，迢迢自东方来，心香一缕，来爱德华古英王的教堂，顶礼的不是帝后的陵寝与偃像，世胄的旌旗，将相的功勋，是那些漱齿犹香触舌犹烫的诗句和句中吟啸歌哭的诗魂。怅望异国，萧条异代，伤心此时。深阒隔世的西敏古寺啊。寺门九重石壁外面是现代。卫星和巨无霸，Honda和Minolta的现代。车塞于途，人囚于市，鱼死于江海的现代。所有的古迹都陷落，蹂躏于美国的旅行团去后又来日本的游客。天罗地网，难逃口号与广告的噪音。月球可登火星可探而有面墙不可攀有条小河不可渡的现代。但此刻，他感到无比的宁静。一切乱象与噪音，纷繁无定，在诗人之隅的永寂里，都已沉淀，留给他的，是一个透明的信念，坚信一首诗的沉默比所有的扩音器加起来更清晰，比机枪的口才野炮的雄辩更持久。坚信文字的冰库能冷藏最烫的激情最新鲜的想象。时间，你带得走歌者带不走歌。

西敏寺乃消灭万籁释尽众嫌的大堂，千载宿怨在其中埋葬，史家麦科利如此说。此地长眠的千百鬼魂，碑石相接，生前为敌为友，死后相伴相邻，一任慈蔼的遗忘覆盖着，浑沌沌而不分。英国的母体一视同仁，将他们全领了回去，冥冥中似乎在说："唉，都是我孩子，一起都回来吧，愿一切都被饶恕。"弥尔顿革命失败，死犹盲眼之罪人。布雷克殁时，忙碌的伦敦太忙碌，浑然不知。拜伦和雪莱，被拒于家岛的门外，悠悠游魂无主，流落在南欧的江湖。有名的野鬼阴魂总难散，最后是母土心软，一一招回了西敏寺去。到黄昏，所有的鸦都必须归塔。诗人的南翼对公侯的北堂，月桂擎天，同样是为栋为梁，西敏寺兼容的传统是可贵的。他想起自己的家渺渺在东方，昆仑高，黄河长，一百条泰晤士的波涛也注不满长江，他想起自己的家里激辩正高昂，仇恨，是人人上街佩戴的假面，所有的扩音器蝉噪同一个单腔单调，桂叶都编成扫帚，标语贴满屈原的额头。

出得寺来，伦敦的街上已近黄昏，八百万人的红尘把他卷进去，汇入浮光掠影的街景。这便是肩相摩踵相接古老又时新的伦敦，西敏寺中的那些鬼魂，用血肉之身爱过，咒过，闹过的名城。这样的街上曾走过孙中山，丘吉尔，马克思，当伦敦较小较矮，满地是水塘，更走过女王的车辇和红氅披肩的少年。四百年后，执节戴冕的是另一个伊丽莎白在白金汉宫，但谁是锦心绣口另一个威廉？在一排犹青的枫树下他回过头去。那灰朴朴的西敏寺，和更为魁伟的国会，夕照里，俊拔的钟楼，高高低低的尖塔纤顶，正托着天色迥蓝和云影轻轻。他向前走去，沿着一排排黑漆的铁栅长栏，然后是斑马线和过街的绿灯，红圈蓝杠的地下车标志下，七色鲜丽的报摊水果摊，纪念品商店的橱窗里，一列列红衣黑裤的卫兵，玻璃上映出的却是两个警伯的侧像，高盔岌岌而束颈。他沿着风车堤缓缓向南走，逆着泰晤士河的东流，看不厌堤上的榆树，树外的近桥和远桥，过桥的双层红巴士，游河的白艇。

——水仙水神已散尽，

泰晤士河啊你悠悠地流，我歇犹未休。

从豪健的乔叟到聪明的奥登，一江东流水奶过多少代诗人？而他的母奶呢，奶他的汨罗江水饮他的淡水河呢？那年是中国大地震西欧大旱的一年，整个英伦在喘气，惴惴于二百五十年未见的苦旱。圣杰姆斯公园和海德公园的草地，枯黄一片，恰如艾略特所预言，长靠背椅上总有三两个老人，在亢旱的月份枯坐待雨。而就在同时一场大台风，把小小的香港笞成旋转的陀螺，暴雨急湍，冲断了九广铁路。那晚是他在伦敦最后的一晚，那天是8月最后的一天。一架波音707在盖特威克机场等他，不同的风云在不同的领空，东方迢迢，是他的起点和终点。他是西征倦游的海客，一颗心惦着三处的家：一处是新窝，寄在多风的半岛，一处是旧巢，偎在多雨的岛城，多雨而多情，而真正的一处那无所不载的后土，倒显得生疏了，纵乡心是铁砧也经不起三十载的捶打捶打，怕早已忘了他吧，虽然他不能忘记。

当晚在旅馆的台灯下，他这样结束自己的日记："这世界，来时她送我两件礼物，一件是肉身，一件是语文。走时，这两件都要还她，一件，已被我用坏，连她自己也认不出来，另一件我愈用愈好，还她时比领来时更活更新。纵我做她的孩子有千般不是，最后我或许会被宽恕，欣然被认作她的孩子。"

——1976年10月追记

卡莱尔故居

1976年8月，香港暴雨成灾，我却在苦旱正长何草不黄的伦敦，作客一旬。对我，伦敦这地方既陌生又亲切。陌生，是不消说了，伦敦之大，我认识的人不上一打。鬼呢，倒是认得很多，最多的一群是在西敏寺里。也许认识得太多了，只觉得整个伦敦幢幢尽是鬼影，像一座记忆深远的古屋。幸好我所认识的那许多鬼，大半都是美丽的灵魂，且已不朽。卡莱尔（Thomas Carlyle, 1795-1881）正是这样的一位。

到伦敦后第四天的早晨，在周榆瑞先生的向导下，瞻仰了这位苏格兰文豪的故居。屋在伦敦西南齐而西区的沿河地带，与河堤相距，不到半盏茶的工夫。两人从地下车站冒了上来，沿着泰晤士河，施施朝西而行。正是夏末秋初，久旱不雨的伦敦，天蓝得不留余地，左手的一排堤树，绿中带黄，丛叶已疏，树外是齐而西河堤仆仆的车尘，再外面，便是缓缓东流的泰晤士河了。向里看，是一排维多利亚式的三层楼屋，红砖黑栅，白漆窗框，藤萝依依，雀噪碎细，很有一种巷闾深寂的情调。干燥的季节，人家院子里的玫瑰却肆无忌惮地绽着红艳。

榆瑞停了下来，隔着疏疏的铁栏，为我指点一座显经修葺的老屋。门侧的墙上挂着一块白牌。走上前去，才看清上面写着“乔治·艾略特故居，1880年艾略特在此逝世”。向前再走数户，又有一家墙上挂着白牌，上书“罗赛蒂与史云朋旧宅”。

我说：“这条街可不简单，住过三位大师。”

榆瑞笑起来：“里面的陈设早就改了。新主人不甘寂寞，挂块名牌自我炫耀一番，可不像纪念馆那样任人参观的。”

再往前走了百多码，背着泰晤士河向右一转，我们就站在倩尼路（Cheyne Row）口了。这是一条僻静的短街，一眼可以望到街尾。面西的一排楼房，都建于十八世纪初年，格式大致相仿：无非是白石红砖砌成的三层楼，拱形的门，狭长的窗子，斜起的屋顶下面是阁楼，上面则竖着烟囱和一排排整齐的通风罩子。临街的矮铁栏内，可以窥见半蔽在街面下的地下室，通常是用来做厨房。我们朝北走去，在一座悬着“卡莱尔故居”长方横牌的屋前停了下来。

眼前这十八世纪的古屋，正是倩尼路二十四号，百年前的旧制则是倩尼路五号。从1834年6月10日到1881年2月5日，也就是说，从迁入的那一天起到逝世的那一天止，左右维多利亚一代文坛的哲学家、史学家兼批评大师卡莱尔，就在这屋里消磨了他后半生的悠悠岁月。

卡莱尔是苏格兰人，与济慈同年诞生，但由于成名颇晚，且又长寿，在文学史上却被划入维多利亚时代，成为十九世纪中叶的核心人物。他漫长的一生可以分为两个阶段，而以1834年迁入这古屋为其分界。前半生他穷困潦倒，默默无闻，一直埋没在苏格兰的故乡。迁来伦敦定居的那年，他已经三十九岁。出版过《席勒传》，译介过德国浪漫文学，因而受知于歌德，又刚刚发表了他的哲学巨著《裁缝新制》（*Sartor Resartus*）。尽管如此，英国的文坛仍然不识卡莱尔其人。先是三十一岁那年，卡莱尔和美丽而多才的珍·威尔希结了婚，两年之后，他们迁去苏格兰的克瑞根普塔克，隐居在一个荒僻的农庄上，一住便是六年。据说好客而又聪慧的卡莱尔夫人，在这一段日子里很不快乐，便怂恿她的丈夫南征伦敦。卡莱尔自己也感到，要为伦敦的刊物撰稿，最好是能和那些编辑经常来往。他们终于告别了故乡，迁来英国的文化之都；而当时，住在相连的上倩尼街的，正是奖掖后进不遗余力的名编辑李衡。搬进倩尼路五号的新居之后，卡莱尔不但生活稳定，而且把住了英国文化生命的脉搏，他的文学事业立刻改观，《法国革命》一出版，他便成名了。

榆瑞按了门铃。一位衣着朴素笑容可亲的中年妇人出来应门，带我们到临街的客厅，向我们收了参观费后，笑说："楼下楼上，随意参观，恕我不奉陪了。"像倩尼路其他的西向楼房一样，卡莱尔的故居也是三楼一阁，地下另有厨房。偌大的一幢房子，屋后还有一个小小的天井和花园，当年卡莱尔付的租金，却是每年三十五镑。卡莱尔和夫人在里面住了那么多年，房东数易其人，房租却始终不变，也可见得维多利亚时代的生活有多安定，比起我在伦敦朋达旅馆每天十八镑的租金，真是隔世之别了。

我和榆瑞从前厅到后厅，又从后厅到毗连后院的瓷器贮藏室，在底层巡礼了一周。客厅相当宽敞，每间约有四百多方英尺，印有花叶的墙纸令四壁在秀雅之中别具温暖之感，典丽的花毡覆盖前后客厅的地板，后客厅的长窗外，园中的树影扶疏可见。当日卡莱尔夫妇搬进来后，雇了三个木匠，在卡莱尔夫人的监督之下，足足扰攘了一个星期，才把这几层楼的内部刮垢磨光，修整一新，卡莱尔和他的夫人都勤于写信，且以书简的文采见称。他们对新居的满足之情，在给亲友的信上充分流露。卡莱尔在给家人的信中说："新居真令人惊喜不置：这房子十分宽大，空气流动，房间整洁，一切都充足有余。样式的不合时髦是到了极点，但住来舒服适用，也到了极点……我实在当不起这种福气。"卡莱尔夫人定居后不久，在信里这样告诉朋友："诺，我居然来了伦敦，而且在泰晤士河畔新租的屋里若无其事地坐着，真是好妙吧？我们找到的新居真正不凡，格式是极为古色古香，很合我们的脾气；墙上都镶着壁板，雕着花纹，看起来有点古怪，一切都很宽敞，结实，合用，而壁橱之多，尤能令蓝胡子之流感到满足。两星期前，屋子前面还有一排老树，却来了几个神经病的伦敦佬，把它们连根拔走了。屋后有一个花园（姑美其名而已），零乱不堪，却也有两树葡萄，当令的时候可产葡萄两串，据云‘可食’，更有胡桃一株。我从树上摘下来的胡桃，几乎可值六个便士。”

前餐厅颇富历史的价值。大壁炉前的扶手椅，为卡莱尔夫人所惯坐。李衡来访，她便从椅上站起，迎吻贵宾。以前在大学里读李衡的名句：

珍妮吻我当我们见面，
从椅上她跳起身来吻我。

总以为珍妮是李衡的什么情人，现在才发现竟是卡莱尔夫人的昵称。卡莱尔夫人很有才气，文笔之美虽不能和她丈夫歌啸跌宕的雄风相侔，却也有她自己的谐趣、灵气，与真情。这样美慧的女主人，本身原就有吸引四方才彦与豪侠的魅力，何况男主人更是名满文坛的大师？于是在夫妻两人的共同朋友之外，她更吸引了自己特有的一群宾客，其中尤为佼佼者，应推意大利的志士马志尼和法国革命家贾维尼亚克。两人都是流亡英国的政治犯，他们那种先忧后乐肩负国难的壮怀热血，最能赢得倩尼路五号女主人的青睐。另一位国破罔依的伤心人，也曾经来她家作客。那便是肖邦。据说前餐厅一角的那架钢琴，便曾经他有名的十指抚弄。

1865年，前餐厅改装，成为卡莱尔晚年的书房。至于后餐厅，则是卡莱尔夫妇沐着晨曦共进早餐的地方。后来书籍累积愈多，两边壁上也就倚满了书架和书柜。在这间房里，壁炉边的榆木靠背椅，桃花心木的便椅，和置放鸟笼的小圆几，都是她的遗物。前后餐厅的墙上，挂满了大大小小的画像、照片和浮雕，共有四十多件。其中卡莱尔自己的画像和照片当然最多，大致面容清癯，棱角突兀，神情十分严肃，不但眉下目光炯炯，而且鹰隼之下嘴唇紧闭。意志显得非常坚定。卡莱尔早年英俊无须，到了晚年，他便蓄起满腮满颏的须来。世人习见的卡莱尔，是美国画家惠斯勒所绘“卡莱尔像”中的老人。那时卡莱尔已经七十七岁，寂寞鳏居也已六年，图中的老作家侧面而坐，一身黑色大衣，高顶的黑呢帽覆在膝头，右手拄杖，左手压在交叠的股上。此时的卡莱尔须发鬅鬙，神色黯淡，显已垂垂老去。其他人像之中，最引我注意的，是歌德与爱默森。这两位文豪，一位是卡莱尔的前辈，一位是他的晚辈，和他的关系都很密切。歌德的作品传入英国，卡莱尔是最早的译介人之一，卡莱尔的作品传入美国，则是爱默森的首功。经过这位晚辈的宣扬，卡莱尔早年在美国的声誉甚至超过国内，作品的销路也是美国领先。

其实爱默森只比卡莱尔小八岁。他曾经两访卡莱尔：第一次是在苏格兰那幽僻清冷的农庄上，那时爱默森才三十岁，卡莱尔刚发表了他最杰出的论文“论本色”，最重要的哲学大著《裁缝新制》也甫脱稿，但还不能算已成名。年轻的爱默森却已慧眼独具，觑识他行将领袖文坛的潜力。那时华兹华斯和柯尔律治都已逾花甲，在政治上成为保守分子，浪漫派少壮的一辈，拜伦、雪莱、济慈，均已早夭，而比爱默森更年轻的丁尼生和勃朗宁当然还未成气象；青黄不接的英国文坛，可谓无人。爱默森在卡莱尔对教会、议会、工业社会的猛烈批评里找到了一位先知，感奋之余，便带了经济学家米尔的介绍信，迢迢北征，去苏格兰拜访卡莱尔。做主人的很喜欢这位美国来客，事后在给米尔的覆信中说："你介绍的爱默森，在寂静的星期天午后，我们正用膳的时候，乘车来了。这个人真是温和、可嘉、可亲，而又热心，我们真要感谢他那么风趣地解除了我们的寂寞……我真正喜欢此人的一点，便是他的健康，他的怡然自得。"十四年后，爱默森已经成名，在伦敦讲学十分轰动，再访卡莱尔于倩尼街五号。这时卡莱尔当然早成了英国文坛的大师，但他的胃疾和脾气却似乎愈来愈坏。对于爱默森的再度来访，他似乎颇不耐烦。事后他写信给贝灵夫人说："和他对谈，真把我累垮了；他似乎有一条美国佬的倒楣规矩，就是，除了睡觉之外，谈话必须无休无止地进行：真是恐怖的规矩。确是一个心地纯洁而崇高的人；'崇高'而不博大，就像柳树和芦苇那样，从他那儿是采不到什么果实的。一张精致而瘦薄的三角脸，没有牙床也没有嘴唇，只有削弯的鹰钩鼻子；公鸡特有的那种脸：惊天动地的大事不是这种人做的。"

二楼临街的房间，是藏书室兼客厅，来此拜访的宾客，包括狄更斯、萨克瑞、丁尼生、布朗宁、罗斯金、达尔文，和马志尼那一群流亡的爱国志士。1881年2月5日清晨八点半钟，卡莱尔便死在这间房里。开始的十年，卡莱尔用这里做书房，他的成名作《法国革命》便完稿于此。该书第一卷的初稿，被米尔借阅，不慎焚毁；当日也就是在这间房里，卡莱尔看着米尔脸色苍白神情惊恐地冲进来，带来令人伤心的噩耗。从1843年起，卡莱尔夫人便将此室改为客厅，不但房间加大，窗户也予以拓宽，壁上也裱以美丽的墙纸。今日室内所陈，多为当年旧物。除了近千册的那一橱藏书之外，我认为最动人怀古之情的，有三件遗物。第一件是那四褶的屏风。1849年，卡莱尔夫人在上面贴满了版画和人物犬马的图片。她死后，卡莱尔思人怜物，倍加珍爱，后来甚至在自己的遗嘱中，把屏风赠给甥女玛丽·艾特金。第二件是圆桌上葫芦形古台灯旁供着的长方木盒，当日卡莱尔新婚，歌德寄赠的贺礼数件便珍存盒中：其中的一件是歌德的五卷诗集，上题“卡莱尔伉俪新婚留念”。第三件是卡莱尔坐读用的绿皮扶手椅。椅极宽大，左边扶手上并装有一具阅读架，书本可以翻开斜置于架上，架也可以作九十度的推移，十分便于学者安坐久读，椅前还放着一个圆形的厚垫子让坐者搁脚。这一张体贴入微的安乐椅，是卡莱尔八秩大庆时约翰·福斯特献赠的贺礼。正如情人应该有一张好床，作家也应该有一张宜于久坐的好椅。我在卡莱尔的安乐古椅上坐了好几分钟，感到十分欣羡。

卡莱尔的胃病是有名的。在爱丁堡大学苦读的时代，他就患上了消化不良症，后来一直苦于此疾，以致时常脾气急躁，情绪不稳，甚至影响到他的文体。论者常说卡莱尔师承歌德，其实卡莱尔坚毅而沉郁的风格，和歌德的清逸倜傥大异其趣。歌德难于了解卡莱尔的精神困境，正如卡莱尔之难于欣赏歌德的风流自喜。歌德出入宫廷，周旋于帝王卿相之间，卡莱尔却无意于迎合当道。卡莱尔暮年觐见维多利亚女皇，女皇以为他会侍立应对，不料卡莱尔倚老，只说了一声对不起，便径自坐了下去。卡莱尔是一位悲观的先知，兰姆的谐趣与怪诞他往往不能欣赏。他在笔记里感叹说："哀哉兰姆，哀哉英国，如此可鄙的畸胎儿竟有天才之名！"我相信福斯特送给卡莱尔的这张扶手椅，是特为一位久患胃疾的老人设计的。

三楼是卡莱尔夫妇的卧室，目前由守屋人居住，不对外开放。再上去，便是阁楼了。卡莱尔既苦于胃疾，又兼寝不安枕，总觉得邻近街坊的杂音太吵，使他难于专心写作。先是有一架钢琴叮咚，继而又有一只鹦鹉在饶舌，最后又是哪家院子里有一群"鬼鸟"在厉鸣磔磔，害得卡莱尔不断换书房逃难。终于在1853年，他痛下决心，在屋顶加盖一间隔音的阁楼——他着匠人特殊设计，屋顶的天窗特别大，临街的长窗特别窄，屋顶的石板瓦和天花板之间隔成一层气漕，天花板和地板上，更装上可以调节的铁条通风窗。阁楼盖好后，卡莱尔欣然搬进新书房去，却发现泰晤士河的水声传来，这间密室竟有扩音的特效，而附近那些"鬼鸟"的磔磔，仍然隔之不绝。尽管如此，他却在这间密室里，为撰写《腓特烈大帝》（*History of Frederick the Great*）的煌煌巨著，前后工作了十二年。1865年，六卷的《腓特烈大帝》全部出版之后，卡莱尔迁回底楼的书房，这间阁楼便改为女仆的卧室了。

榆瑞端详着壁上悬挂的德国历史人物的肖像，和室中陈列的一些遗物，诸如作者的手稿、护照、短简和手杖等等。我则坐在卡莱尔的写字台前，设想文豪当日，坐在这张椅上，听着泰晤士河东流的波声，时而闭目冥想，时而奋笔疾书的情况。十二年！羽笔都不知写秃了几枝？早夭的作家如查特顿（Thomas Chatterton，1752-1770）和济慈，一生创作的岁月，加起来也不过这一半长。要完成这样的巨著，必须时代和作家合作，才能终底于成；如果时代动乱，或是作家命短，就难竟全功了。维多利亚时代太平，文人又多长寿，这样的巨著鸿篇也就不少。卡莱尔动手写《腓特烈大帝》时，年纪已近六十，文名早著，经济无忧，自不必汲汲为稻粱谋，所以才能沉下气来，高楼小阁，一栖便是悠悠一十二载，再下楼来，已成古稀老翁了。不禁想起另一位史学家陈寅恪，后半生流离失所，抗战时期不但营养不良，要门人送奶粉疗饥，就连书写的稿纸也难以为继——比起卡莱尔在这幢华屋里近半世纪的安居长吟，真是令人感叹了。

《腓特烈大帝》全书既出，卡莱尔在学界声誉更隆；就是这一年，他继格拉德斯东之后，被选为他母校爱丁堡大学的校长。这是他一生事业的巅峰。在凯归的心情下，他回到故乡去发表就任演说，却传来噩耗，说卡莱尔夫人病故。老年丧偶，卡莱尔一恸欲绝，从此感伤不振。最后的十五年鳏居，他绝少写作，只是读书自娱，或是接见四方来访“齐而西圣人”的宾客。七十九岁那年，他接受了俾斯麦颁赠的普鲁士大成勋章，却拒绝了英相狄斯累利封他的从男爵号。卡莱尔死后，并未埋于西敏寺，国人从他遗愿，埋他在故乡艾克里费城（Ecclefechan）。

两人饱览了近三小时，在“齐而西圣人”偌大的故宅里，更未遇见第三位朝圣的香客。十九世纪的沉默包围着我们，除了自己的跫音，也未闻当日圣人畏闻的琴声、禽声。两人从楼梯上下来，榆瑞说：

“我就料到不会有什么游客，所以特别带你来，可以从容低回——”

“真是太好了！是要这么沉思冥想，叹凤伤麟，才能进入情况，恍若与古人踵武相接。不像前天去参观狄更斯的故居——”

“那可是挤！”榆瑞举眉睁眼，戏作惊愕之状。

“可不是，三辆游览车停在门外，游客列队而入，接踵而出，人多口杂，不到半个钟头，已经催着上车，说，不然就错过下一个节目了。因为游客太多。狄更斯馆里的一几一椅都有围绳拦护，只觉得一切都有距离，既紧张，又拘束。想象没有回旋的余地，很难投入狄更斯的世界里去。所谓游客，大概是世界上最讨厌的东西了。本地人血汗的现实里，偏有一批批游客来寻梦，东张西望，乱拍照片，不知所云。游客呼啸过处，风景蒙羞，文化跌价。千古兴亡不付给渔樵却付给哓哓的向导。”

“你自己不也是一个游客？”榆瑞笑道。

“所以觉得自己也讨厌。英国这地方，应该住下来慢慢咀嚼。一座西敏古寺，两小时要一览无余，简直是开玩笑。”

在西敏寺的诗人之隅，卡莱尔并没有塑象，只有一块平面的地碑，位置并不显眼，且为排椅所蔽。卡莱尔生前享名之盛，影响之广，俨然伦敦文坛的盟主，如今他的声誉不再像百年前那样显赫，汗牛充栋的巨著也少人阅读。卡莱尔和狄更斯并为维多利亚时代的文豪；卡莱尔长十七岁，可称前辈，狄更斯的小说《艰难岁月》便是献给这位先驱的。百年之后，狄更斯的故居游客摩肩，卡莱尔的旧址却香火冷落，对照一何鲜明。

卡莱尔是历史家也是传记家，他在《英雄与英雄崇拜》里曾说：“世界史不过是伟人合传。”傅斯年称为“滑稽之雄”的萧伯纳，深受卡莱尔的启发。卡莱尔阴郁的警告，到萧伯纳笔下成了嬉笑怒骂；卡莱尔的英雄，萧伯纳笔下叫做超人。狄更斯是小说家，他写的大半是中下层社会的匹夫匹妇，但是虚构的小说却似乎比实传的历史更为真实，更接近人性，更垂之永久。卡莱尔在十九世纪中叶的英国，扮演的是告警报忧的先知，捧着那时代一颗不安的良心，对于重量而不重质的工业文明和议会政制，对于机械的压倒人性、宗教的流于形式等等，无不猛施攻击。在政治上，他是一位富于贵族气质的激进分子，一方面不信任纭纭黔首，另一方面又不屑趋附当道。他对于人民的福利极为关心，但认为拯救之道不在人人争取权利，而在人人尽到责任。这当然是一种理想主义，很难见容于锱铢必较的工业社会。卡莱尔那种一士谔谔、独排众议的胆识，在当时固然折服了多少才彦，但他载道的方式，是圣经旧约里先知的大声疾呼，当头棒喝。他曾经批评同代的另一位历史家麦可利说："麦可利偶尔一读亦无妨，但谁也不愿住在尼亚加拉大瀑布之下。"话固说得俏皮，但是也可以反施于卡莱尔自身。下面是卡莱尔典型的啸吟文体：

英勇的海上船长，北方的海上王哥伦布，我的英雄啊，忠诚的大海王！你面临的不是顺境，在这荒凉的深海：你的四周是受挫的舟子在哗变，后面是羞辱与毁灭，前面是看不透的海之面纱。

英国现代作家克勒敦·布洛克对这段的评语是："如果一位作家长期使用这样的风格，就像一个人声嘶力竭在说话，终使我们感到疲倦。"卡莱尔雄劲突兀的笔锋，当然也不尽如此，不过他确是以诗为文，以文为史，可谓史家中之散文诗人。

下得楼来，榆瑞和我又轻推通道的纱门，步入屋后的花园。约莫五十多坪的面积，比起榆瑞寓所的后院，只得一半大小的光景，但也足够一代文豪行吟流连的了。花园实分两部。近屋的一边是石板铺砌的天井，卡莱尔生前常爱来这里坐读：盛夏的日子，他会搬一张小书桌，到凉翠的树阴里去写作。远屋的一边有石板路相通，草地和树木修护得十分整洁，可惜天旱，无缘目饫芳草的鲜碧。除了卡莱尔夫人给朋友信中提到的葡萄和胡桃，还有樱桃、山楂、茉莉、薄荷、紫丁香之属。园中原有两张瓷凳子，现在只剩一张，卡莱尔却爱搬一张厨房的椅子来坐。文豪的弟弟从苏格兰送来一把镰刀，他便用来刈草芟藤，然后挂在那樱桃树上。樱桃虽然丰收，群雀却先来偷尝。卡莱尔生前很喜欢这园子，常常亲自来修护。他在信里说："我可以像从前（在家乡）那样，便装草帽，在园中徘徊。安安静静抽我的烟斗……我买了三株果树，栽在这一方可怜的多烟的花园里；那些老果树已是150年前某位善人的功德，不是死了，便是需要拔除：只剩下一树梨一树樱桃，似乎是今年水果收成的唯一指望了。或许下一代有位可怜的馋嘴伦敦佬，会比我收成好些。"

先知的预言似乎是落空了。我所见到的英国，不但丰收无着，连绿油油的芳草也枯黄欲萎了。"一老人在亢旱的月份，等待下雨"，艾略特的音调在心里响起。甘霖在何处呢？这民族最后的一位英雄，衔着雪茄，已经像先知一样，"与洪荒的巨人长眠在一起"。只留下一位白发的老孀，在荒旱的岁月，拍卖那英雄的颜色维生。

我们走上街去。倩尼路二十四号的大门关上，厚沉沉地，像阖上维多利亚那时代，黑封面的一部巨书。堤外只有泰晤士河还流着，那波声，不知是诉说时间，还是永恒。

——1977年3月18日追记

高速的联想

那天下午从九龙驾车回马料水，正是下班时分，大埔路上，高低长短形形色色的车辆，首尾相衔，时速二十五英里。一只鹰看下来，会以为那是相对爬行的两队单角蜗牛，单角，因为每辆车只有一根收音机天线。不料快到沙田时，莫名其妙地塞起车来，一时单角的蜗牛都变成了独须的病猫，废气暖暖，马达喃喃，像集体在腹诽狭窄的公路。熄火又不能，因为每隔一会，整条车队又得蠢蠢蠕动。前面究竟在搞什么鬼，方向盘的舵手谁也不知道。载道的怨声和咒语中，只有我沾沾自喜，欣然独笑。俯瞥仪表板上，从左数过来第七个蓝色钮键，轻轻一按，我的翠绿色小车忽然离地升起，升起，像一片逍遥的绿云牵动多少愕然仰羡的眼光，悠悠扬扬向东北飞逝。

那当然是真的：在拥挤的大埔路上，我常发那样的狂想。我爱开车。我爱操纵一架马力强劲反应敏灵野蛮又柔驯的机器，我爱方向盘在掌中微微颤动四轮在身体下面平稳飞旋的那种感觉，我爱用背肌承受的压力去体会起伏的曲折的地形山势，一句话，我崇拜速度。阿拉伯的劳伦斯曾说："速度是人性中第二种古老的兽欲。"以运动的速度而言，自诩万物之灵的人类是十分可怜的。褐雨燕的最高时速，是二百九十点五英里。狩猎的鹰在俯冲下扑时，能快到每小时一百八十英里。比赛的鸽子，有九十六点二九英里的时速。兽中最速的选手是豹和羚羊：长腿黑斑的亚洲豹，绰号"猎豹"者，在短程冲刺时，时速可到七十英里，可惜五百码后，就降成四十多英里了；叉角羚羊奋蹄疾奔，可以维持六十英里时速。和这些相比，"动若脱兔"只能算"中驷之才"：英国野兔的时速不过四十五英里。"白驹过隙"就更慢了，骑师胯下的赛马每小时只驰四十三点二六英里。人的速度最是可怜，一百码之外只能达到二十六点二二英里的时速。

可怜的凡人，奔腾不如虎豹，跳跃不如跳蚤，游泳不如旗鱼，负重不如蚂蚁，但是人会创造并驾驭高速的机器，以逸待劳，不但突破自己体能的极限，甚至超迈飞禽走兽，意气风发，逸兴遄飞之余，几疑可以追神迹，蹑仙踪。高速，为什么令人兴奋呢？生理学家一定有他的解释，例如循环加速，心跳变剧等等。但在心理上，至少在潜意识里，追求高速，其实是人与神争的一大欲望：地心引力是自然的法则，也就是人的命运，高速的运动就是要反抗这法则，虽不能把它推翻，至少可以把它的限制压到最低。赛跑或赛车的选手打破世界纪录的那一刹那，是一闪宗教的启示，因为凡人体能的边疆，又向前推进了一步，而人进一步，便是神退一步，从此，人更自由了。

滑雪，赛跑，游泳，赛车，飞行等等的选手，都称得上是英雄。他们的自由和光荣是从神手里，不是从别人的手里，夺过来的。他们所以成为英雄，不是因为牺牲了别人，而是因为克服了自然，包括他们自己。

若论紧张刺激的动感，高速运动似乎有这么一个原则：就是，凭借的机械愈多，和自然的接触就愈少，动感也就减小。赛跑，该是最直接的运动。赛马，就间接些，但凭借的不是机械，而是一匹汗油生光肌腱勃怒奋鬣扬蹄的神驹。最间接的，该是赛车了，人和自然之间，隔了一只铁盒，四只轮胎。不过，愈是间接的运动，就愈高速，这对于生就低速之躯的人类说来，实在是一件难以两全的事情。其他动物面对自己天生的体速，该都是心安理得，受之怡然的吧？我常想，一只时速零点零三英里的蜗牛，放在跑车的挡风玻璃里去看剧动的世界，会有怎样的感受？

许多人爱驾敞篷的跑车，就是想在高速之中，承受、享受更多的自然：时速超过七十五英里，八十英里，九十英里，全世界轰然向你扑来，发交给风，肺交给激湍洪波的气流，这时，该有点飞的感觉了吧。阿拉伯的劳伦斯有耐性骑骆驼，却不耐烦驾驶汽车：他认为汽车是没有灵性的东西，只合在风雨中乘坐。从沙漠回到文明，才下了驼背，他便跨上电单车，去拜访哈代和萧伯纳。他在电单车上，每月至少驰骋二千四百英里，快的时候，时速高达一百英里，终因车祸丧生。

我骑过五年单车，也驾过四年汽车，却从未驾过电单车，但劳伦斯驰骤生风的豪情，我可以仿佛想象。电单车的骁腾骠悍，远在单车之上，而冲风抢路身随车转的那种投入感，更远胜靠在桶形椅背踏在厚地毯上的方向舵手。电影“逍遥游”（Easy Rider）里，三骑士在美国西南部的沙漠里直线疾驰的那一景，在摇滚乐亢奋的节奏下，是现代电影的高潮之一。我想，在潜意识里，现代少年是把桀骜难驯的电单车当马骑的：现代骑士仍然是戴盔着靴，而两脚踏镫双肘向外分掌龙头两角的骑姿，却富于浪漫的夸张，只有马达的厉啸逆人神经而过，比不上古典的马嘶。现代车辆引擎，用马力来标示电力，依稀有怀古之风。准此，则敞篷车可以比拟远古的战车，而四门的“轿车”（sedan）更是复古了。六十年代的中期，福特车厂驱出的“野马”（Mustang）号拟跑车，颈长尾短，骠悍异常，一时纵横于超级公路，逼得克莱斯勒车厂只好放出一群修矫灵猛的“战马”（Charger）来竞逐。

我学开车，是在1964年的秋天。当时我从皮奥瑞亚去爱荷华访叶珊与黄用，一路上，火车误点，灰狗的长途车转车费时，这才省悟，要过州历郡亲身去纵览惠特曼和桑德堡诗中体魄雄伟的美国，手里必须有一个方向盘。父亲在国内闻言大惊，一封航空信从松山飞来，力阻我学驾车。但无穷无尽更无红灯的高速公路在敻阔自由的原野上张臂迎我，我的逻辑是：与其把生命交托给他人，不如握在自己的手里。学了七小时后，考到驾驶执照。发那张硬卡给我的美国警察说："公路是你的了，别忘了，命也是你的。"

奇妙的方向盘，转动时世界便绕着你转动，静止时，公路便平直如一条分发线。前面的风景为你剖开，后面的背景呢，便在反光镜中缩成微小，更微小的幻影。时速上了七十英里，反光镜中分巷的白虚线便疾射而去如空战时机枪连闪的子弹，万水千山，记忆里，漫漫的长途远征全被魔幻的反光镜收了进去，再也不放出来。"欢迎进入内布拉斯卡"，"欢迎来加利福尼亚"，"欢迎来内华达"，闯州穿郡，记不清越过多少条边界，多少道税关。高速令人兴奋，因为那纯是一个动的世界，挡风玻璃是一望无餍的窗子，光景不息，视域无限，油门大开时，直线的超级大道变成一条巨长的拉链，拉开前面的远景蜃楼摩天绝壁拔地倏忽都削面而逝成为车尾的背景被拉链又拉拢。高速，使整座雪山簇簇的白峰尽为你回头，千顷平畴旋成车轮滚滚的辐辏。春去秋来，多变的气象在挡风窗上展示着神的容颜：风沙雨露和冰雪，烈日和冷月，沙漠的飞蓬，草原夏夜密密麻麻的虫尸，扑面踹来大卡车轮隙踢起的卵石，这一切，都由那一方弧形大玻璃共同承受。

从海岸到海岸，从极东的森林洞（Woods Hole）浸在大西洋的寒碧到太平洋暖潮里浴着的长堤，不断的是我的轮印横贯新大陆。坦荡荡四巷并驱的大道自天边伸来又没向天边，美利坚，卷不尽展不绝一幅横轴的山水只为方向盘后面的远眺之目而舒放。现代的徐霞客坐游异域的烟景，为我配音的不是古典的马蹄得得风帆飘飘，是八汽缸引擎轻快的低吟。

二十轮轰轰地翻滚，体格修长而魁梧的铝壳大卡车，身长数倍于一辆小轿车，超它时全身的神经紧缩如猛收一张网。胃部隐隐地痉挛，两车并驰，就像在狭长的悬崖上和一匹犀牛赛跑，真是疯狂。一时小车惊窜于左，重吨的货柜车奔腾而咆哮于右，右耳太浅，怎盛得下那样一漩涡的骚音？1965年初，一个苦寒凛冽的早晨，灰白迷蒙的天色像一块毛玻璃，道奇小车载我自芝加哥出发，辗着满地的残雪碎冰，一日七百英里的长征，要赶回葛底斯堡去。出城的州际公路上，遇上了重载的大货车队，首尾相衔，长可半英里，像一道绝壁蔽天水声震耳的大峡谷，不由分说，将我夹在缝里，挟持而去。就这样一直对峙到印地安那州境，车行渐稀，才放我出峡。

后来驶车日久，这样的超车也不知经历过多少次了，浑不觉二十轮卡车有多威武，直到前几天，在香港的电视上看到了斯皮尔伯格导演的悚慄片“决斗”（Duel）。一位急于回家的归客，在野公路上超越一辆庞然巨物的油车，激怒了高据驾驶座上的隐身司机，油车变成了金属的恐龙怪兽，挟其邪恶的暴力盲目的冲刺，一路上天崩地塌火杂杂衔尾追来。反光镜里，惊瞥赫现那油车的车头已经是一头狂兽，而一进隧道，车灯亮起，可骇目光灼灼黑凛凛一尊妖牛。看过斯皮尔伯格后期作品“大白鲨”，就知道在“决斗”里，他是把那辆大油车当作一匹猛兽来处理的，但它比大白鲨更凶顽更神秘，更令人分泌肾上腺素。

香港是一个弯曲如爪的半岛旁错落着许多小岛，地形分割而公路狭险，最高的时速不过五十英里，一般时速都在四十英里以下，再好的车再强大的马力也不能放足驰骤。低速的大埔路上，蜗步在一串慢车的背影之后，常想念美国中西部大平原和西南部沙漠里，天高路邈，一车绝尘，那样无阻的开阔空旷。虽说能源的荒年，美国把超级公路的速限降为每小时五十五英里，去年8月我驶车在南加州，时速七十英里，也未闻警笛长啸来追逐。

更念烟波相接，一座多雨的岛上，多少现代的愚公，亚热带小阳春艳阳下在移山开道，开路机的履带轧轧，铲土机的巨螯孔武地举起，起重机碌碌地滚着辘轳，为了铺一条巨毡从基隆到高雄，迎接一个新时代的驶来。那样壮阔的气象，四衢无阻，千车齐毂并驰的路景，郑成功、吴凤没有梦过，阿眉族、泰耶鲁族的民谣从不曾唱过。我要拣一个秋晴的日子，左窗亮着金艳艳的晨曦，从台北出发，穿过牧神最绿最翠的辖区，腾跃在世界最美丽的岛上；而当晚从高雄驰回台北，我要驰速限甚至纵一点超速，在亢奋的脉搏中，写一首现代诗歌咏带一点汽油味的牧神，像陶潜和王维从未梦过的那样。

更大的愿望，是在更古老更多回声的土地上驰骋。中国最浪漫的一条古驿道，应该在西北。最好是细雨霏霏的黎明，从渭城出发，收音机天线上系着依依的柳枝。挡风窗上犹浥着轻尘，而渭城已渐远，波声渐渺。甘州曲，凉州词，阳关三叠的节拍里车向西北，琴音诗韵的河西孔道，右边是古长城的雉堞隐隐，左边是青海的雪峰簇簇，白耀天际，我以七十英里高速驰入张骞的梦高适岑参的世界，轮印下重重叠叠多少古英雄长征的蹄印。

——1977年元月

思台北，念台北

隐地从台北寄来他的新书《欧游随笔》，并在扉页上写道："尔雅也在厦门街一一三巷，每天，我走您走过的脚步。"一句话，撩起我多少乡愁。龙尾蛇头，接到多少张耶诞卡贺年片，没有一句话更撼动我的心弦。

如果脚步是秋天的落叶，年复一年，季复一季，则最下面的一层该都是我的履印与足音，然后一层层，重重叠叠，旧印之上覆盖着新印，千层下，少年的屐迹车辙，只能在仿佛之间去翻寻。每次回到台北，重踏那条深长的巷子，隐隐，总踏起满巷的回音，那是旧足音醒来，在响应新的足音？厦门街、水源路那一带的弯街斜巷，拭也拭不尽的，是我的脚印和指纹。每一条窄弄都通向记忆，深深的厦门街，是我的回声谷。也无怪隐地走过，难逃我的联想。

那一带的市井街坊，已成为我的"背景"甚至"腹地"。去年夏天在西雅图，和叶珊谈起台湾诗选之滥，令人穷于应付，成了"选灾"。叶珊笑说，这么发展下去，总有一天我该编一本《古亭诗选》，他呢，则要编一本《大安诗选》。其实叶珊在大安区的脚印，寥落可数，他的乡井当然在水之湄，在花莲。他只能算是“半山”的乡下诗人，我，才是城里的诗人。十年一觉扬州梦，醒来时，我已是一位台北人。

当然不止十年了。清明尾，端午头，中秋月后又重九，春去秋来，远方盆地里那一座岛城，算起来，竟已住了二十六年了。这其间，就算减去旅美的五年，来港的两年，也有十九年之久。北起淡水，南迄乌来，半辈子的岁月便在那里边攘攘度过，一任红尘困我，车声震我，限时信、电话和门铃催我促我，一任杜鹃媚我于暮春，莲塘迷我于仲夏，雨季霉我，溽暑蒸我，地震和台风撼我摇我。四分之一的世纪，我眼见台北长高又长大，脚踏车三轮车把大街小巷让给了电单车计程车，半田园风的小省城变成了国际化的现代立体大都市。镜头一转，前文提要一样的跳速，台北也惊见我，如何从一个寂寞而迷惘的流亡少年变成大四的学生，少尉编译官，新郎，父亲，然后是留学生，新来的讲师，老去的教授，毁誉交加的诗人，左颊掌声右颊是嘘声。二十六年后，台北恐已不识我，霜发的中年人，正如我也有点近乡情怯，机翼斜斜，海关扰扰，出得松山，迎面那一丛丛陌生的楼影。

曾在那岛上，浅浅的淡水河边，遥听嘉陵江滔滔的水声，曾在芝加哥的楼影下，没遮没拦的密歇根湖岸，念江南的草长莺飞，花发蝶忙。乡愁一缕，恒与扬子江东流水竞长。前半生，早如断了的风筝落在海峡的对面，手里兀自牵一缕旧线。每次填表，“永久地址”那一栏总教人临表踟橱，好生为难。一若四海之大，天地之宽，竟有一处是稳如磐石，固如根柢，世世代代归于自己，生命深深植于其中，海啸山崩都休想将它拔走似的。面对着天灾人祸，世局无常，竟要填表人肯定说出自己的“永久地址”，真是一大幽默，带一点智力测验的意味。尽管如此，表却不能不填。二十世纪原是填表的时代，从出生纸到死亡证书，一个人一辈子要填的表，叠起来不会薄于一部大字典。除非你住在乌托邦，表是非填不可的。于是“永久地址”栏下，我暂且填上“台北市厦门街一一三巷八号”。这一暂且，就暂且了二十多年，比起许多永久来，还永久得多。

正如路是人走出来的，地址，也是人住出来的。生而为闽南人，南京人，也曾经自命为半个江南人，四川人，现在，有谁称我为台北人，我一定欣然接受，引以为荣。有那么一座城，多少熟悉的面孔，由你的朋友，你的同学，同事，学生所组成，你的粉笔灰成雨，落湿了多少讲台，你的蓝墨水成渠，灌溉了多少亩报刊杂志。四个女孩都生在那城里，母亲的慈骨埋在近郊，父亲和岳母皆成了常青的乔木，植物一般植根在那条巷里。有那么一座城，锦盒一般珍藏着你半生的脚印和指纹，光荣和愤怒，温柔和伤心，珍藏着你一颗颗一粒粒不朽的记忆。家，便是那么一座城。

把一座陌生的城住成了家，把一个临时地址拥抱成永久地址，我成了想家的台北人，在和中国母体土接壤连的一角小半岛上，隔着南海的青烟蓝水，竟然转头东望，思念的，是二十多年来餐我以蓬莱的蓬莱岛城。我的阳台向北，当然，也尽多北望的黄昏。奈何公无渡河，从对河来客的口中，听到的种种切切，陌生的，严厉的，迷惑的，伤感的，几已难认后土的慈颜，哎，久已难认。正如贾岛的七绝所言：

客舍并州已十霜，归心日夜忆咸阳。
无端更渡桑干水，却望并州是故乡。

如果十霜已足成故乡，则我的二十霜啊多情又何逊唐朝一孤僧？

未回台北，忽焉又一年有半了。一小时的飞程，隔水原同比邻，但一道海关多重表格横在中间，便感烟波之阔了。愿台北长大长壮但不要长得太快，愿我记忆中的岛城开路机铲上机的挺进下保留一角半隅的旧区让我循那些曲折而玄秘的窄弄幽巷步入六十年代五十年代。下次见面时，愿相看妩媚如昔，城如此，哎，人亦如此。

祖籍闽南，说来也巧，偌大一座台北城，二十多年来只住过两条闽南风味的小街：同安街和厦门街。同安街只住了两年半，后来的二十四年就一直在厦门街。如果台北是我的“家城”（英文有这种说法），厦门街就是我的“家街”了。这家，是住出来的，也是写出来的。八千多个日子，二十几番夏至和秋分，即使是一片沙漠，也早已住成家了。多少篇诗和散文，多少部书，都是在临巷的那个窗口，披一身重重叠叠深深浅浅的绿阴，吟哦而成。我的作品既在那一带的巷间孕化而成，那条小街，那些曲巷也不时浮现在我的字里行间，成为现代文学里的一个地理名词。萤塘里、网溪里，久已育我以灵感，希望掌管那一带的地灵土仙能知晓，我的灵感也荣耀过他们。厦门街的名字，在我的香港读者之间，也不算陌生。

有意无意之间，在台北，总觉得自己是“城南人”，不但住在城南，工作也在城南。岛内最具规模的三座学府全在城南，甚至南郊；北起丽水街，南迄指南山麓，我的金黄岁月都挥霍在其中。思潮文风，在杜鹃花簇的迷锦炫绣间起伏回荡。当时年少，曾餍过多少稚美的青睐青眼，西去取经，分不清，身是唐吉诃德或唐僧。对我而言，古亭区该是中国文化最高的地区，记忆也最密。即连那“家巷”的左邻右舍，前翁后媪，也在植物一般悠久而迟缓的默契里，相习而相忘，相近相亲。出得巷去，左手是裁缝铺子、理发店、豆浆店然后是电料行，右手是西药行、杂货店、花店、照相馆……闭着眼睛，我可以一家家数过去，梦游一般直数到汀州街口。前年夏天从香港回台北，一天晚上，去巷口那家药行买药。胖胖的老板娘在柜台后面招呼我，还是二十年来那一口潮州国语。不见老板，我问她老板可好。“过身了——今年春天。”说着她眼睛一阵湿，便流下了泪来。我也为之黯然神伤，一时之间，不知怎么安慰才好，默默相对了片刻，也就走开了。回家的路上，我很是感动，心里满溢着温暖的乡情，一问一答之间，那妇人激动的表情，显示她已经把我当成了亲人。二十年来，我是她店里的常客，和她丈夫当然也是稔熟的。我更想起十八年前母亲去世，那时是她问我答，流泪的是我，嗫嚅相慰的是她。久邻为亲，那一切一切，城南人怎会忘记?

对我面言，城北是商业区，新社区，无论它有多繁华，我的台北仍旧在城南。台北是愈长愈高了，长得好快，七十年代八十年代在城的东北，在松山机场那一带喊他。未来在召唤，好多城南人禁不起那诱惑，像何凡、林海音那一家，便迁去了城北，一窝蜂一窝鸟似的，住在高高的大公寓里，和下面的世界来往，完全靠按钮。等到高速公路打通，桃园的国际机场建好，大台北无阻的步伐，该又向西方迈进了。

该来的，什么也挡不住。已去的，也无处可招魂。当最后一位按摩女的笛声隐隐，那一夜在巷底消逝，有一个时代便随她去了。留下的是古色的月光，情人、诗人的月光，仍祟着城南那一带的灰瓦屋，矮围墙，弯弯绕绕的斜街窄巷。以南方为名的那些街道——晋江街、韶安街、金华街、云和街、泉州街、潮州街、温州街、青田街，当然，还有厦门街——全都有小巷纵横，奇径暗通，而门牌之纷乱，编号排次之无轨可循，使人逡巡其间，迷路时惶惑如智穷的白鼠，豁然时又自得如天才的侦探。几乎家家都有围墙，很少巷子能一目了然，巷头固然望不见巷腰，到了巷腰，也往往看不出巷底要通往何处。那一盘盘交缠错综的羊肠迷宫，当时陷身其中，固曾苦于寻寻觅觅，但风晨雨夜，或是奇幻的月光婆娑的树影下走过，也赋给了我多少灵感。于今隔海想来，那些巷子在奥秘中寓有亲切，原是最耐人咀嚼的。黄昏的长巷里，家家围墙飘出的饭香，吟一首民谣在召归途的行人：有什么，比这更令人低回的呢？

最耐人寻味的小巷，是同安街东北行，穿过南昌街后，通向罗斯福路的那一段。长只五、六十码，狭处只容两辆脚踏车蠕行相交。上面晾着未干的衣裳，两旁总排着一些脚踏车手推车，晒些家常腌味，最挤处还有些小孩子在嬉游。砖墙石壁半已剥蚀，颓败的纹理伸手可触。近罗斯福路出口处还有个小小的土地祠，简陋可笑的装饰也无损其香火不绝，供果长青。那恐怕是世界上最短最窄的一条陋巷了。从师大回家的途中，不记得已蜿穿过几千次了，对于我，那是世界上最滑稽最迷人最市井风的一段街景。电视天线接管了日窄的天空，古台北正在退缩。撼地压来的开路机啊，能绕道而行放过这几座历史的残堡吗？

在《蒲公英的岁月》里，曾说过喜欢的是那岛，不是那城。台北啊我怎能那样说，对你那样不公平？隔着南中国海的烟波，向香港的电视幕上，收看邻区都市的气象，汉城和东京之后总是台北，是阴是晴是变冷是转热是风前或雨后，都令我特别关心。台风自海上来，将掠台湾而西，扑向厦门和汕头，那气象报告员说，不然便是寒流凛凛自华中南下，气温要普遍下降，明天莫忘多加衣。只有在那一刹那，才幻觉这一切风云雨雾原本是一体，拆也拆不开的。

香港有一种常绿的树，黄花长叶，属刺槐科，据说是移植自台湾，叫“台湾相思”。那样美的名字，似乎是为我而取。

——1977年3月

花　鸟

客厅的落地长窗外，是一方不能算小的阳台，黑漆的栏杆之间，隐约可见谷底的小村，人烟暧暧。当初发明阳台的人，一定是一位乐观外向的天才，才会突破家居的局限，把一个幻想的半岛推向户外，向山和海，向半空晚霞和一夜星斗。

阳台而无花，犹之墙壁而无画，多么空虚。所以一盆盆的花，便从下面那世界搬了上来。也不知什么时候起，栏杆三面竟已偎满了花盆，但这种美丽的移民一点也没有计划，欧阳修所谓的“浅深红白宜相间，先后仍须次第栽”，是完全谈不上的。这么十几盆栽，有的是初来此地，不畏辛劳，挤三等火车抱回来的，有的是同事离开中大的遗爱，也有的，是买了车后供在后座带回来的。无论是什么来历，我们都一般看待。花神的孩子，名号不同，容颜各异，但迎风招展的神态都是动人的。

朝西一隅，是茎藤四延和栏杆已绸缪难解的紫藤，开的是一串串粉白带浅紫的花朵。右边是一盆桂苗，高只近尺，花时竟也有高洁清雅的异香，随风漾来。近邻是两盆茉莉和一盆玉兰。这两种香草虽不得列于离骚狂吟的芳谱，她们细腻而幽邃的远芬，却是我无力抵抗的。开窗的夏夜，她们的体香回泛在空中，一直远飘来书房里，嗅得人神摇摇而意惚惚，不能久安于座，总忍不住要推纱门出去，亲近亲近。比较起来，玉兰修长的白瓣香得温醇些，茉莉的丛蕊似更醉鼻餍心，总之都太迷人。

再过去是两盆海棠。浅红色的花，油绿色的叶，相配之下，别有一种民俗画的色调，最富中国韵味，而秋海棠叶的象征，从小已印在心头。其旁还有一盆铁海棠，虬蔓郁结的刺茎上，开出四瓣对称的深红小花。此花生命力最强，暴风雨后，只有他屹立不摇，颜色不改。再向右依次是绣球花，蟹爪兰，昙花，杜鹃。蟹爪兰花色洋红而神态凌厉，有张牙奋爪作势攫人之意，简直是一只花魔，令我不敢亲近。昙花已经绽过三次，一次还是双葩对开，真是吉夕素仙。夏秋之间，一夕盛放，皎白的千层长瓣，眼看她态纵迅疾地展开，幽幽地吐出粉黄娇嫩的簇蕊，却像一切奇迹那样，在目迷神眩的异光中，甫启即闭了。一年含蓄，只为一夕的挥霍，大概是芳族之中最羞涩最自谦最没有发表欲的一姝了。

在这些空中半岛，啊不，空中花园之上，我是两园丁之一，专掌浇水，每日夕阳沉山，便在晚霞的浮光里，提一把白柄蓝身的喷水壶，向众芳施水。另一位园丁当然是阳台的女主人，专司杀虫施肥，修剪枝叶，翻掘盆土。有时蓓蕾新发，野雀常来偷食，我就攘臂冲出去，大声驱逐。而高台多悲风，脚下那山谷只敞对海湾，海风一起，便成了老子所谓“虚而不屈，动而愈出”的一具风箱。于是便轮到我一盆盆搬进屋来。寒流来袭，亦复如此。女园丁笑我是陶侃运甓。美，也是有代价的。

无风的晴日，盆花之间常依偎一只白漆的鸟笼。里面的客人是一只灰翼蓝身的小鹦鹉，我为它取名蓝宝宝。走近去看，才发现翅膀不是全灰，而是灰中间白，并带一点点蓝：颈背上是一圈圈的灰纹，两翼的灰纹则弧形相掩，饰以白边，状如鱼鳞。翼尖交叠的下面，伸出修长几近半身的尾巴，毛色深孔雀蓝，常在笼栏边拂来拂去。身体的细毛蓝得很轻浅，很飘逸。胸前有一片白羽，上覆浑圆的小蓝点，点数经常在变，少则两点，长全时多至六点，排成弧形，像一条项链。

蓝宝宝的可爱，不止外貌的娇美。如果你有耐性，多跟它做一会伴，就会发现它的语言天才。它参加我们的生活成为最受宠爱的“小家人”才半年，韩惟全由美游港，在我们家小住数日，首先发现它在牙牙学语，学我们的人语。起先我们不信，以为它时发时歇的咿唔唼喋，不过是禽类的哓哓自语，无意识的饶舌罢了。经惟全一提醒，蓝宝宝的断续鸟语，在侧耳细听之下，居然有点人话的意思。只是有时嗫嚅吞吐，似是而非，加以人腔鸟调，句逗含混不清，那意境在人禽之间，恐怕连公冶长再世，也难以体会，更无论圣芳济了。

幸运的时候，蓝宝宝会吐出三两个短句："小鸟过来"，"干什么"，"知道了"，"臭鸟不乖"，还有节奏起伏的'小鸟小鸟小小鸟"。小小曲喙的发音设备，毕竟和人嘴不可"同日而语"，所以人语的唇音齿音等等，蓝宝宝虽有娓妮巧舌，仍是摹拟难工的。听说要小鹦鹉认真学话，得先施以剪舌的手术，剪了之后就不会那么"大舌头"了。此举是否见效，我不知道，但为了推行人语而违反人道，太无聊也太残忍了，我是绝对不肯的。无所不载无所不容的这世界，属于人，也属于花、鸟、虫、鱼：人类之间，禁止别人发言或强迫人人千口一辞，也就够威武的了，又何必向禽兽去行人政呢？因此，盆中的铁海棠，女园丁和我都任其自然，不加扭曲，而蓝宝宝呢，会讲几句人话，固然能取悦于人，满足主人的虚荣心，我们也任其自由发展，从不刻意去教它。写到这里，又听见蓝宝宝在阳台上叫了。不过这一次它是和外面的野雀呼应酬答，是在鸟语。

那样的啁啾，该是羽类的世界语吧。而无论蓝宝宝是在阳台上或是屋里，只要左近传来鸠呼或雀噪，它一定脆音相应，一逗一答，一呼一和，旁听起来十分有趣，或许在飞禽的世界里，也像人世一样，南腔北调，有各种复杂的方言，可惜我们莫能分辨，只好一概称为鸟语。

平时说到鸟语，总不免想起"生生燕语明如翦，呖呖莺声溜的圆"之类的婉婉好音，绝少想到鸟语之中，也有极其可怖的一类。后来参观底特律的大动物园，进入了笼高树密的鸟苑，绿重翠叠的阴影里，一时不见高栖的众禽，只听到四周怪笑吃吃，惊叹咄咄，厉呼磔磔，盈耳不知究竟有多少巫师隐身在幽处施法念咒，真是听觉上最骇人的一次经验。看过希区柯克的悚悚片“鸟”，大家惊疑之余，都说真想不到鸟类会有这么“邪恶”。其实人类君临这个世界，品尝珍羞，饕餮万物，把一切都视为当然，却忘了自己经常捕囚或烹食鸟类的种种罪行有多么残忍了。兀鹰食人，毕竟先等人自毙；人食乳鸽，却是一笼一笼地蓄意谋杀。

想到此地，蓝光一闪，一片青云飘在我的肩上，原来是有人把蓝宝宝放出来了。每次出笼，它一定振翅疾飞，在屋里回翔一圈，然后栖在我肩头或腕际。我的耳边、颈背、颊下，是最爱来依偎探讨的地方。最温驯的时候，它会憩在人的手背，低下头来，用小喙亲吻人的手指，一动也不动地，讨人欢喜。有时它更会从嘴里吐出一粒“雀粟”来，邀你共享，据说这是它表示友谊的亲切举动，但你尽可放心，它不会强人所难的，不一会，它又径自啄回去了。有时它也会轻咬你的手指头，并露出它可笑的花舌头。兴奋起来，它还会不断地向你磕头，颈毛松开，瞳仁缩小，嘴里更是呢呢喃喃，不知所云。不过所谓“小鸟依人”，只是片面的，只许它来亲人，不许你去抚它。你才一伸手，它立刻回过身来面对着你，注意你的一举一动，不然便是蓝羽一张，早已飞之冥冥。

不少朋友在我的客厅里，常因这一闪蓝云的猝然降临而大吃一惊。女作家心岱便是其中的一位。说时迟那时快，蓝宝宝华丽的翅膀一收，已经栖在她手腕上了。心岱惊神未定，只好强自镇静，听我们向她夸耀小鸟的种种。后来她回到台北，还在《联合副刊》发表《蓝宝》一文，以记其事。

我发现，许多朋友都不知道养一只小鹦鹉有多么有趣，又多么简单。小鹦鹉的身价，就它带给主人的乐趣说来，是非常便宜的。在台湾，每只约售六七十元，在香港只要港币六元，美国的超级市场里也常有出售，每只不过五六元美金。在丹佛时，我先后养过四只，其中黄底灰纹的一只毛色特别娇嫩，算是珍品，则是花十五元美金买来的。买小鹦鹉时，要注意两件事情。年龄要看额头和鼻端，额上黑纹愈密，鼻上色泽愈紫，则愈幼小，要买，当然要初生的稚婴，才容易和你亲近。至于健康呢，则要翻过身来看它的肛门，周围的细白绒毛要干，才显得消化良好。小鹦鹉最怕泻肚子，一泻就糟。

此外的投资，无非是一只鸟笼，两枝栖木，一片鱼骨，和极其迷你的水缸粟钵而已。鱼骨的用场，是供它啄食，以吸取充分的钙质。那么小的肚子，耗费的粟量当然有限，再穷的主人也供得起的。有时为了调剂，不妨喂一点青菜和果皮，让它啄三五口，也就够了。熟了以后，可以放出笼来，任它自由飞憩，不过门窗要小心关好，否则它爱向亮处飞，极易夺门而去。我养过的近十头小鹦鹉之中，就有两头是这么无端飞掉的。有了这种伤心的教训，我只在晚上才敢把鸟放出笼来。

小鸟依人，也会缠人，过分亲狎之后，也有烦恼的。你吃苹果，它便飞来奇袭，与人争食。你特别削一小片喂它，它只浅尝三两口，仍纵回你的口边，定要和你分享大块。你看报，它便来嚼食纸边，吃得津津有味。你写字呢，它便停在纸上，研究你写些什么，甚至以为笔尖来回挥动是在逗它玩乐，便来追咬你的笔尖。要赶它回笼，可不容易。如果它玩得还未尽兴，则无论你如何好言劝诱或恶声威胁，都不能使它俯首归心。最后只有关灯的一招，在黑暗里，它是不敢飞的。于是你伸手擒来，毛茸茸软温温的一团，小心脏抵着你的手心猛跳，吱吱的抗议声中，你已经把它置回笼里。

蓝宝宝是大埔的菜市上六元买来的，在我所有的“禽缘”里，它是最乖巧可爱的一只，现在，即使有谁出六千元，我也不肯舍弃它的。前年夏天，我们举家回台北去，只好把蓝宝宝寄在宋淇府上，劳宋夫人做了半个月的“鸟妈妈”。记得交托之时，还郑重其事，拟了一张“养鸟须知”的备忘录，悬于笼侧，文曰:

一、小米一钵，清水半缸，间日一换，不食烟火，俨然羽仙。

二、风口日曝之处，不宜放置鸟笼。

三、无须为鸟沐浴，造化自有安排。

四、智商仿佛两岁稚婴。略通人语，颇喜传讹。闺中隐私，不宜多言，慎之慎之。

——1977年5月

沙田山居

书斋外面是阳台，阳台外面是海，是山，海是碧湛湛的一弯，山是青郁郁的连环。山外有山，最远的翠微淡成一袅青烟，忽焉似有，再顾若无，那便是，大陆的莽莽苍苍了。日月闲闲，有的是时间与空间。一览不尽的青山绿水，马远夏圭的长幅横披，任风吹，任鹰飞，任渺渺之目舒展来回，而我在其中俯仰天地，呼吸晨昏，竟已有十八个月了。十八个月，也就是说，重九的陶菊已经两开，中秋的苏月已经圆过两次了。

海天相对，中间是山，即使是秋晴的日子，透明的蓝光里，也还有一层轻轻的海气，疑幻疑真，像开着一面玄奥的迷镜，照镜的不是人，是神。海与山绸缪在一起，分不出，是海侵入了山间，还是山诱俘了海水，只见海把山围成一角角的半岛，山呢，把海围成了一汪汪的海湾。山色如环，困不住浩渺的南海，毕竟在东北方缺了一口，放樯桅出去，风帆进来。最是晴艳的下午，八仙岭下，一艘白色渡轮，迎着酣美的斜阳悠悠向大埔驶去，整个吐雾港平铺着千顷的碧蓝，就为了反衬那一影耀眼的洁白。起风的日子，海吹成了千亩蓝田，无数的百合此开彼落。到了夜深，所有的山影黑沉沉都睡去，远远近近，零零落落的灯全睡去，只留下一阵阵的潮声起伏，永恒的鼾息，撼人的节奏撼我的心血来潮。有时十几盏渔火赫然，浮现在阒黑的海面，排成一弯弧形，把渔网愈收愈小，围成一丛灿灿的金莲。

海围着山，山围着我。沙田山居，峰回路转，我的朝朝暮暮，日起日落，月望月朔，全在此中度过，我成了山人。问余何事栖碧山，笑而不答，山已经代我答了。其实山并未回答，是鸟代山答了，是虫，是松风代山答了。山是禅机深藏的高僧，轻易不开口的。人在楼上倚栏杆，山列坐在四面如十八尊罗汉叠罗汉，相看两不厌。早晨，我攀上佛头去看日出，黄昏，从联合书院的文学院一路走回来，家，在半山腰上等我，那地势，比佛肩要低，却比佛肚子要高些。这时，山什么也不说，只是争噪的鸟雀泄漏了他愉悦的心境。等到众鸟栖定，山影茫然，天籁便低沉下去，若断若续，树间的歌者才歇下，草间的吟哦又四起。至于山坳下面那小小的幽谷，形式和地位都相当于佛的肚脐，深凹之中别有一番谐趣。山谷是一个爱音乐的村女，最喜欢学舌拟声，可惜太害羞，技巧不很高明。无论是鸟鸣犬吠，或是火车在谷口扬笛路过，她都要学叫一声，落后半拍，应人的尾音。

从我的楼上望出去，马鞍山奇拔而峭峻，屏于东方，使朝暾姗姗其来迟。鹿山巍然而逼近，魁梧的肩膂遮去了半壁西天，催黄昏早半小时来临，一个分神，夕阳便落进他的僧袖里去了。一炉晚霞，黄铜烧成赤金又化作紫灰与青烟，壮哉崦嵫的神话，太阳的葬礼。阳台上，坐看晚景变幻成夜色，似乎很缓慢，又似乎非常敏捷，才觉霞光烘颊，余曛在树，忽然变生咫尺，眈眈的黑影已伸及你的肘腋，夜，早从你背后袭来。那过程，是一种绝妙的障眼法，非眼睫所能守望的。等到夜色四合，黑暗已成定局，四围的山影，重甸甸阴森森的，令人肃然而恐。尤其是西屏的鹿山，白天还如佛如僧，蔼然可亲，这时竟收起法相，庞然而踞，黑毛茸蒙如一尊暗中伺人的怪兽，隐然，有一种潜伏的不安。

千山磅礴的来势如压，谁敢相撼？但是云烟一起，庄重的山态便改了。雾来的日子，山变成一座座的列屿，在白烟的横波回澜里，载浮载沉。八仙岭果真化作了过海的八仙，时在波上，时在弥漫的云间。有一天早晨，举目一望，八仙和马鞍和远远近近的大小众峰，全不见了，偶尔云开一线，当头的鹿山似从天隙中隐隐相窥，去大埔的车辆出没在半空。我的阳台脱离了一切，下临无地，在汹涌的白涛上自由来去。谷中的鸡犬从云下传来，从夐远的人间。我走去更高处的联合书院上课，满地白云，师生衣袂飘然，都成了神仙。我登上讲坛说道，烟云都穿窗探首来旁听。

起风的日子，一切云云雾雾的朦胧氤氲全被拭净，水光山色，纤毫悉在镜里。原来对岸的八仙岭下，历历可数，有这许多山村野店，水浒人家。半岛的天气一日数变，风骤然而来，从海口长驱直入，脚下的山谷顿成风箱，抽不尽满壑的咆哮翻腾，蹂躏着罗汉松与芦草，掀翻海水，吐着白浪。风是一群透明的猛兽，奔踹而来，呼啸而去。

海潮与风声，即使撼天震地，也不过为无边的静加注荒情与野趣罢了。最令人心动而神往的，却是人为的骚音。从清早到午夜，一天四十多班，在山和海之间，敲轨而来，鸣笛而去的，是九广铁路的客车，货车，猪车。曳着黑烟的飘发，蟠蜿着十三节车厢的修长之躯，这些工业时代的元老级交通工具，仍有旧世界迷人的情调，非协和的超音速飞机所能比拟。山下的铁轨向北延伸，延伸着我的心弦。我的中枢神经，一日四十多次，任南下又北上的千只铁轮轮番敲打，用钢铁火花的壮烈节奏，提醒我，藏在谷底的并不是洞里桃源，住在山上，我亦非桓景，即使王粲，也不能不下楼去：

栏干三面压人眉睫是青山
碧螺黛迤逦的边愁欲连环
叠嶂之后是重峦，一层淡似一层
湘云之后是楚烟，山长水远
五千载与八万万，全在那里面……

尺素寸心

接读朋友的来信，尤其是远自海外犹带着异国风云的航空信，确是人生一大快事，如果无须回信的话。回信，是读信之乐的一大代价。久不回信，屡不回信，接信之乐必然就相对减少，以至于无，这时，友情便暂告中断了，直到有一天在赎罪的心情下，你毅然回起信来。蹉跎了这么久，接信之乐早变成欠信之苦，我便是这么一位累犯的罪人，交游千百，几乎每一位朋友都数得出我的前科来的。英国诗人奥登曾说，他常常搁下重要的信件不回，躲在家里看他的侦探小说。王尔德有一次对韩黎说：“我认得不少人，满怀光明的远景来到伦敦，但是几个月后就整个崩溃了，因为他们有回信的习惯。”显然王尔德认为，要过好日子，就得戒除回信的恶习。可见怕回信的人，原不止我一个。

回信，固然可畏，不回信，也绝非什么乐事。书架上经常叠着百多封未回之信，“债龄”或长或短，长的甚至在一年以上，那样的压力，也绝非一个普通的罪徒所能负担的。一叠未回的信，就像一群不散的阴魂，在我罪深孽重的心底幢幢作祟。理论上说来，这些信当然是要回的。我可以坦然向天发誓，在我清醒的时刻，我绝未存心不回人信。问题出在技术上。给我一整个夏夜的空闲，我该先回一年半前的那封信呢，还是七个月前的这封？隔了这么久，恐怕连谢罪自谴的有效期也早过了吧？在朋友的心目中，你早已沦为不值得计较的妄人。“莫名其妙！”是你在江湖上一致的评语。

其实，即使终于鼓起全部的道德勇气，坐在桌前，准备偿付信债于万一，也不是轻易能如愿的。七零八落的新简旧信，漫无规则地充塞在书架上，抽屉里，有的回过，有的未回，“只在此山中，云深不知处”，要找到你决心要回的那一封，耗费的时间和精力，往往数倍于回信本身。再想象朋友接信时的表情，不是喜出望外，而是余怒重炽，你那一点决心就整个崩溃了。你的债，永无清偿之日。不回信，绝不等于忘了朋友，正如世上绝无忘了债主的负债人。在你惶恐的深处，恶魔的尽头，隐隐约约，永远潜伏着这位朋友的怒眉和冷眼，不，你永远忘不了他。你真正忘掉的，而且忘得那么心安理得，是那些已经得你回信的朋友。

有一次我对诗人周梦蝶大发议论，说什么“朋友寄新著，必须立刻奉覆，道谢与庆贺之余，可以一句‘定当细细拜读’作结。如果拖上了一个星期或个把月，这封贺信就难写了，因为到那时候，你已经有义务把全书读完，书既读完，就不能只说些泛泛的美词。”梦蝶听了，为之绝倒。可惜这个理论，我从未付之行动，一定丧失了不少友情。倒是有一次自己的新书出版，兴冲冲地寄赠了一些朋友。其中一位过了两个月才来信致谢，并说他的太太、女儿，和太太的几位同事争读那本大作，直到现在还不曾轮到他自己，足见该书的魅力如何云云。这一番话是真是假，令我存疑至今。如果他是说谎，那真是一大天才。

据说胡适生前，不但有求必应，连中学生求教的信也亲自答复，还要记他有名的日记，从不间断。写信，是对人周到，记日记，是对自己周到。一代大师，在著书立说之余，待人待己，竟能那么的周密从容，实在令人钦佩。至于我自己，笔札一道已经招架无力，日记，就更是奢侈品了。相信前辈作家和学人之间，书翰往还，那种优游条畅的风范，应是我这一辈难以追摹的。梁实秋先生名满天下，尺牍相接，因缘自广，但是廿多年来，写信给他，没有一次不是很快就接到回信，而笔下总是那么诙谐，书法又是那么清雅，比起当面的谈笑风生，又别有一番境界。我素来怕写信，和梁先生通信也不算频。何况《雅舍小品》的作者声明过，有十一种信件不在他收藏之列，我的信，大概属于他所列的第八种吧。据我所知，和他通信最密的，该推陈之藩。陈之藩年轻时，和胡适、沈从文等现代作家书信往还，名家手迹收藏甚富，梁先生戏称他为man of letters，到了今天，该轮到他自己的书信被人收藏了吧。

朋友之间，以信取人，大约可以分成四派。第一派写信如拍电报，寥寥数行，草草三二十字，很有一种笔挟风雷之势。只是苦了收信人，惊疑端详所费的工夫，比起写信人纸上驰骋的时间，恐怕还要多出数倍。彭歌、刘绍铭、白先勇，可称代表。第二派写信如美女绣花，笔触纤细，字迹秀雅，极尽从容不迫之能事，至于内容，则除实用的功能之外，更兼抒情，娓娓说来，动人清听。宋淇、夏志清可称典型。尤其是夏志清，怎么大学者专描小小楷，而且永远用廉便的国际邮简？第三派则介于两者之间，行乎中庸之道，不温不火，舒疾有致，而且字大墨饱，面目十分爽朗。颜元叔、王文兴、何怀硕、杨牧、罗门，都是“样版人物”。尤其是何怀硕，总是议论纵横，而杨牧则字稀行阔，偏又爱用重磅的信纸，那种不计邮费的气魄，真足以笑傲江湖。第四派毛笔作书，满纸烟云，体在行草之间，可谓反潮流之名士，罗青属之。当然，气魄最大的应推刘国松、高信疆，他们根本不写信，只打越洋电话。

——1976年5月

从西岸到东岸

——第四度旅美追记

从东京飞旧金山的泛美巨机上，猛一回头，并肩坐在我后面五六排，四目灼灼的，赫然是夏菁夫妇。天上邂逅，风波都在脚上，而前缘如烟，前途若雾，巧遇的惊喜之中竟欠缺当年在台北煮酒论诗的湖海豪气。夏菁的两鬓也闪现几茎古典的霜发了。那真是最短的一夜，不但因为知己重逢，谈笑之间，不知东方之既白，更且因为现代的夸父，是以约六百英里的时速飞向红丽的旭日的。

旧金山，西岸最美丽也是最愁人的长亭。和夏菁“高谈”了七千英里后，便在那里分手了。也没有折柳相赠，柏油铺地的国际机场，原就无柳可折。西雅图倒是颇多柳树的，叶珊从机场接我回家，一路林木苍翠，数见柳阴当道，但美国的柳，树矮枝肥，殊欠依依撩人之情。杨柳原应在江南带烟或舞风，不能代表西雅图的景色。从叶珊院子里的斜草坡上隔湖眺望，对岸一带的山峦缓缓起伏，山色天光相接之处，一丛丛一簇簇尽是松杉之属的纤纤尖顶。那种森森矗矗的肃然气象，才是寒带湖山的容貌。叶珊的院子不大，但树木扶疏，雀鸟不喧，倒也有一种萧野的静趣。屋后一株李树，不免有济慈的联想，叶珊笑说，暮春四月，该搬张椅子到树下去写诗。夜莺是听不见的，住西雅图五天，倒几次听到附近的空林里和华大的红砖楼顶，有群鸦噪晚，令人不胜荒寒孤寂之感。此外，在院中高出众木荫庇大半个草坡的，据叶珊告诉我，是一株巨山梨，从下面望上去，只见万叶叠翠，青盖蔽天，真是一株祥木。至于树以人传，曾见于叶珊之文者，则为荫接左邻的几株山茱萸。邻翁认为这批狗树（dogwood）减却了他的湖景，有芟除之意，叶珊则认为茱萸乃神话所传，诗人所佩，何等高贵，谁敢言伐？

中元夜，一轮冰月从华盛顿湖对岸的森林里幻象一般地升起，幢幢然魅着，祟着十里的湖山，倒影投在湖面，碎成千面万面，有多少漪沦，就有多少层月影。月，已不知是谁的魂魄，这千面碎影，更不知是谁的魂魄的魂魄？冥冥中，满座浪子都疑为古中国的魂魄吧，你到哪里就跟你到哪里，转朱阁，低绮户，金波脉脉，在每一丛树后每一角檐底窥你，觑你。太阳是全世界公用的太阳，月亮，却永远是自己私有的月亮。是我厦门街巷底的月，是叶珊花莲海上的月，是少聪的月芳明的月也是瑞穗的月，一片冰心，怎么守得住千魂万魄各自的秘密？

月高风冷，如此鬼夜何？答案是铿然一声古筝。陶处士筑生为我一挥手，向冷冷的十三弦上召来了琤琤琮琮，北国的风，江南的流水，召来了潺潺湲湲和嘤嘤婉婉，盈耳是远古的清音。渔舟唱晚与平沙落雁，锦上花与纺织忙，弄筝人抚弄的弦是聆者的神经纤纤，直到月色更清幽，催眠满湖的鱼龙安慰了四野的妖鬼。今夕何夕，这古老的节奏偏向我抵抗力最弱处袭来，敲叩又敲叩，撼落我睫上的几滴露水？

瑞穗快要做母亲了，未来的龙女或龙子命名怡谦。少聪把她浅青色的Duster座车借我，帮我考到了华盛顿州的驾驶执照：练就这现代的“缩地术”后，我便飞去洛杉矶，租了一辆1975年的雪佛兰，去赴南加州牧神的约会。牧神在他最高的殿堂里等我去拜山，万古青蒙蒙，那么邃密的一座红杉大森林，盘其道而峻其坡，待我仰驰而入，瞻不完九曲山径的两侧，拔地一耸三十丈，根须在地下啜水，柯臂在空际玩云，一柱柱千岁犹挺立的巨伟红杉。赤壁千矗，翠盖万张，牧神的迷宫自有层层寒烟冷雨把阊阖来锁闭。旋出山来，我的车窗上兀自笼着他送我的一片白雾，几张湿叶。

山神拜罢拜海神。在旧金山和洛杉矶之间，偶然的机缘，发现了一个绝美绝静的小海湾，偎着一个小渔村，内港狭长而安静，倚在木桥的栏杆上，噗噗的马达声中和啾啾的海鸥悲鸣里，看不厌渔船来往，而外边的沙岸面对的是目渺渺一横蓝色的水平线，此外什么也没有，除了海枯石烂地老天荒那一轮斜阳，和一只尖喙长腿的水鹬在起落的卷潮边缘奔走啄食。日暮了，百多只鸥纷纷栖止，在一盘突兀的怪岩上，犹未栖定的，便绕着那巨石斜斜地回翔。天黑了，那边的灯塔便旋出一闪闪的光芒，向波上的海客和舟子眨眼示意。堤上的路灯亮起，柔乳白色的一串珍珠。海的鼾声应着我的鼾声。

747再一展翅，下一站是丹佛，五年前，是我讲学山隐之地。世彭和惟全接我去以其家，见到庭诗，并参观了他的画室和新作的版画，晚餐后，又把我载回他们在波德山城的寓所。波德你怎么长大了，一过山头，万户灯火赫然在黑蠢蠢的落矶大山下，五英里外，撩人眼花如一盘冷翡翠热玛瑙。不久我们已进入玛瑙丛中，踏在世彭华宅的柔厚地毡上了。精致的消夜一桌杯盘狼藉喃喃叙旧直到四更天，才在落矶山庞伟的阴影里睡去。

山城一宿，旧游之地还未曾枕温，又续向东飞，投入纽约的十丈红尘。志清和怀硕双迎于肯尼迪机场，把我接去红尘的深处，怀硕和阳孜的公寓书画琳琅在四壁，置我在小小的艺术之宫里。怀硕和我去惠特尼艺术馆，迷恋埃及女王克里奥帕特拉毒蛇缠臂的大理石像，徘徊赞叹而不忍离去。志清伉俪在湘菜馆里宴请之不足，更邀回寓所去纵一夕之阔论。两位纽约客疲于领游一位港客，直到国际笔会开幕的前夕，才送我上了去伦敦的班机，把我交给了淼淼的大西洋和祈雨的英国。

——1976年9月

第二辑 ——

云门大开

云门大开，林怀民从云门下舞蹈而来，带来了中国的现代舞。云门大开，林怀民浩荡南征，委蛇的云旌过处，掌声四起，拍响了新加坡与香港。

9月5日及6日，一连两个晚上，香港的利舞台戏院，坐满了兴奋而热烈的青年，等待林怀民和“云门舞集”的十三位舞者，把他们带进一个既古典又现代的中国。他们没有失望。两小时神游之后，灯光复亮，他们才回到香港。从曲终的掌声和事后报刊上此起彼落迄今不断的评论，明白显示，“云门舞集”在香港的表演是成功的。

最令香港文艺界人士感到意外的，是所谓现代舞这门新兴的艺术，竟然不像他们想象的那么西化。利舞台的观众看到七个节目：“风景”、“天道人心”、“待嫁娘”、“盲”、“寒食”、“许仙”、“哪吒’之中，除了“盲”近于现代西方艺术的彷徨与挣扎之外，其余的竟然全部来自中国的文化传统。其间“风景”与“寒食”，一逸一狷，表现的是中国读书人的情怀与节操。前者是一种意境，后者是一种意念，无论如何，都是意在言外，文学和哲学的意味很浓，就舞言舞，不太容易讨好。尤其是“寒食”中的介之推，耿介拔俗，耽于洁癖，是近于屈灵均一类的人物。林怀民的独舞，用修长素净的白练，敛之回之，将自我茧缚于其中，很有一种寓意独角哑剧的味道。此舞我先后观赏过两次，始终觉得抽象的意念未曾充分地表达出来。我以为，同为洁癖患者，屈原投水自清，介之推赴火自白，火，该是考验介之推的现成象征。介之推不愧是火里熬过来的一只凤凰。“寒食”一舞，如果在白的意念之外，更采火的红热炽烈以相对照，使介之推在火光灼烤之后复归于皎皎的洁白，或许能在视觉效果上较多变化。

剩下的四个舞，都从中国的民俗取材，却多少用现代精神来诠释。“乌盆记”、“白蛇传”、“封神榜”等等民间艺术，到了林怀民的舞里，都鲜明突出，强化了传说的现实感与冲突感。最受大众欢迎也是最凄美感人的，自然要数“许仙”。林怀民原是当行本色的小说家，处理这么一个人物对照鲜明而动作又很戏剧化的故事，当然是胜任愉快的。此外，音乐，布景，道具，加上青蛇突出的戏等等，也是成功的因素。“待嫁娘”由郑淑姬编舞，寓虚于实，把一个女孩子新婚前夕患得患失时喜时忧的心境，用二分法交织呈现出来，很有心理分析的深度，比起传统对于婚姻的片面态度来，较有立体的现实感。压轴的“哪吒”有深度，也有力量，加以扩大，不难成为一出宏大的史诗舞剧。

“云门舞集”之所以成功，不外乎第一：林怀民的才华和毅力，加上他十三位弟子的认真锻炼和通力合作。显然，这是一个有纪律有水准的团体。第二，尽管林怀民弃小说而取舞蹈，他在文学上的修养和敏感却并未白费，因为舞蹈的语言虽然用身体来说，其构思仍然是来自心灵的。林怀民的小说写得那么精密、生动，同一个心灵来编舞，自然不会粗浅。第三，正因为他在文坛上本有地位，一流的音乐家、艺术家、作家，自然都愿意与他合作。没有他的渊源，固然请不动这些名家，没有他的眼光，也不会去请这些前卫人物的。单就音乐一项而言，他就网罗了周文中、史惟亮、许常惠、赖德和、许博允等的作品，舞与乐相得益彰，不但帮助了现代舞，也同时推广了现代音乐。如果说，台湾的现代文艺运动是由现代诗、现代小说和抽象画打头阵，则突破第二个阶段的，正是现代舞与现代音乐。最后大成之日，该是戏剧和电影的石破天惊吧。第四，林怀民写小说，始终反叛传统，创作现代舞，却能融汇中西，光大传统，赋古典以现代的精神，这是“云门舞集”最值得我们支持的一点。

听说“云门舞集”因为经费不足，或将于最近宣告解散。希望这消息只是谣传。台湾的社会正日趋繁荣，如果这么一个朝气蓬勃的舞蹈团竟然维持不了，则最后蒙受损失的，绝对不止于林怀民和他的十三舞者，而是整个文化界了。

云门既开，就应大开。中华民族应该健美活泼地跳起现代舞来。美丽的云门啊你不许关上。

——1975年10月

诺贝尔文学奖

1975年的诺贝尔文学奖，近因法国一群学者提名巴金与茅盾为正副候选人，而引起各方面的注意。10月23日，瑞典学院已经宣布，今年的得主是现年七十九岁的意大利诗人艾乌杰纽·孟塔雷（Eugenio Montale）。意大利的诗人获得诺贝尔文学奖，这已经是第二次了。第一次是在1959年，得主是瓜西摩多。据称，孟塔雷曾把艾略特的诗介绍给意大利的文坛，而他自己的诗呢，也受了艾略特的影响，颇为难懂。看来君临欧洲垂半世纪之久的现代主义，仍如百足之虫，死而不僵。[1]

诺贝尔文学奖，七十五年来，一直被各国视为世界性的荣誉，可是责难之声，也时有所闻。实际上，瑞典学院的选择，确也往往有欠公正。例如1902年此奖颁给了德国的史学家孟森，而落选者的名单却包括托尔斯泰。当时托尔斯泰已经七十四岁，《战争与和

① 译介这位意大利诗人之中文作品，以黄国彬“晚起的司运星”一文为最详尽。文见黄国彬论评集《从蓍草到贝叶》。

平》、《安娜·卡列尼娜》等杰作早已闻于全欧，在西方文坛可谓不作第二人想。瑞典学院却宣称，尽管托尔斯泰是一位大作家，他对道德的态度仍不够坚定，对宗教的认识也不够深刻，却公然批评圣经。拥托派当然气得半死，而那年提名哲学家斯宾塞的英国名流，也十分不悦。其他的落选者，还有英国的梅瑞迪斯与叶芝、意大利的卡尔杜齐，德国的浩普特曼，波兰的显克维支等等。其实，当时叶芝只有三十七岁，真正的杰作尚未动笔，论成就自然还不够参加竞选。

可是拥托派并没有死心。1903年，法国作家法朗士，也是后来1921年的得奖人，向瑞典学院依次提名托尔斯泰、布朗德斯、梅特林克为该届候选人。可是瑞典学院的兴趣，却专注在近邻挪威的文坛，要在易卜生与比荣松之间作一选择。结果呢，正如前一年舍托尔斯泰而取孟森，竟然是摈易卜生而拥比荣松。当时易卜生是七十五岁，比荣松是七十一岁。对于挪威人来说，易卜生是最伟大的剧作家，比荣松则是最杰出的诗人兼小说作家；可是对于世界文坛而言，易卜生的影响自然远在比荣松之上，对于中国后来的新文学而言，尤为如此。实际上呢，挪威自十四世纪以来本为丹麦的一部分，1814年并入瑞典成为属国。比荣松是强烈反瑞的民族诗人，诺贝尔文学奖所以颁给他，不免有点政治安抚的意味。

这些都是诺贝尔奖初办时的例子，但后来的表现也屡有失误，不能为文学史所欣然接受。例如在得奖的美国作家之中，赛珍珠和斯坦贝克两位，就不能尽孚众望，一般美国文学史和文学选集里，甚至不列赛珍珠之名。而英国的得主中，高斯华绥的评价也不复当年那么崇高。相反地，二十世纪西方文坛的一些大师，如里尔克、卡夫卡、哈代、劳伦斯、奥威尔、赫克斯礼等等，都未得奖。至少在我看来，《百兽图》与《一九八四》的作者奥威尔，对于集权政制的深刻体认，并不逊于索尔仁尼琴。

站在中国人的立场，我认为瑞典学院的取舍，是以白人本位为标准的，未能超越人种的偏见与文化的隔阂。诺贝尔文学奖实在应该视为西洋文学奖，而非世界文学奖。从1901年到现在，除了有七年因战争或其他原故未颁奖之外，余下的六十八年中，有三年都是由两人共得，因此得主共为七十一位。其中欧洲作家占了五十八位，国籍依得主的多寡分为法国（十二位）、瑞典（七位）、英国、德国（均为六位）、意大利（四位）、挪威、丹麦、西班牙、苏联（均为三位）、瑞士、波兰、爱尔兰（均为二位）、比利时、希腊、南斯拉夫、冰岛、芬兰（各为一位）。美洲方面占了九位，计美国六位、智利二位、危地马拉一位、澳洲一位、亚洲三位，即印度、以色列、日本各一位。从这个小小统计，可见七十年来，非白人的作家而获得诺贝尔文学奖者，只得两人，显有所偏。即使白人之中，也偏于北欧地区：瑞典、挪威、丹麦、芬兰、冰岛五国，人口相加，不过二千四百万，未达世界人口百分之一，却得了十五次奖。

政治上的因素除外，诺贝尔文学奖未能做到天下为公，显然尚有文化的因素，尤其是语言上的隔阂。瑞典的学术界固然也不乏类似高本汉的汉学家，可是要从白话文来鉴别中国新文学的高下，我很怀疑瑞典学院诸公是否胜任愉快。他们当然可以看翻译，但是那样显然不平等。西方作家可以保持原文，不受扭曲，东方作家却要以走了样的译文去参加比赛，当然是委屈的。“草木有本心，何求美人折？”东方的作家大可不必去抬西方的轿子。

尽管如此，果真有一位中国作家能得到诺贝尔文学奖，也还是令人高兴的。巴金与茅盾今年有人提名，在台港与海外中国人之间，曾引起一番议论。梁实秋先生在台北发表谈话，认为巴金成就不足，老舍才是更适当的人选。不少朋友听了，表示同感。可是老舍已经亡故，三十年代的重要作家亦多凋零，或则无语，令人常兴“欲祭疑君在”之感。其实，在小说家里面，沈从文应该是首选人物，在海外，则应推张爱玲，可惜两人都多年没有或竟不能继续创作。当代中国作家最大的奢望，是在自由而安定的环境下继续创作，以维新文学的命运于不坠。至于得不得诺贝尔文学奖，倒是无关紧要的。

——1975年11月

独木桥与双行道

如果有这么一个家庭：父亲听不惯儿子的摇滚乐，认为简直是野蛮的噪音，儿子呢，也讨厌父亲的京戏，觉得那些事情十分遥远，社会学家就会搬出一个新名词来，说父子之间有了“代沟”。

英文generation gap一词，应该如何中译，看法颇不一致。一般的译名是“代沟”，令人想起难越的鸿沟，不免有点触目惊心。也有人认为不应强调这种裂痕，而把它译成较为温和的“代差”。还是“代沟”比较普及，而且形象化。

西方的传统，以三十年为一代。现代社会的变化加速，似乎等不到二十年，就已有换代的感觉了。西方之变的脉搏，在美国跳得最快。我前后三度去美国，觉得美国的青年一直在变：第一次去，是在五十年代末期，美国的大学生似乎尚在接受“美式生活”，校园相当平静。第二次去，是六十年代中期，已经大有转变：正是民权运动的高潮，我班上有好几位学生开车去南方参加游行。第三次去，是在六十年代末期到七十年代初期，美国的大学生还在反越战，而摇滚乐，迷幻药，反污染，耶稣热，神秘主义，地下文学，反种族歧视，总而言之，对“美式生活”的反抗，也就是所谓“青年人的文化”，已经形成了一个最新的传统。

六十年代的后半期，年轻的一代在世界各地曾有大规模的骚动。几乎是在同时，红卫兵扫过了中国大陆，大学生和退学的嬉皮震撼了美国的校园，法国、英国、希腊、土耳其等地的学生也都有激烈的集体行动。这些现象，尽管是不同的政治背景和社会环境所促成，其为对上一代领导人的抗议，则是一致的。

在亚洲地区，日本、南韩、泰国等地的大学生常有不满现状的表现。台湾的情形可谓幸运得多。在台湾，社会上大致可称繁荣而安定，二十多年来，年轻的一代尚少不安的现象。两代之间相异的程度，最多可称“代差”，还不致成为“代沟”。每年暑假期间，台湾的大专及高中生，在救国团的安排之下，上山越海，参加各式各样的文艺康乐活动，往往多达五六十万人，可谓相当健康的抒发。但是暑假过后，学生回到校里，由于功课太重，而某些学校管教又失之过严，设备又失之过简等等，如果家庭又不够理想，则不满之情当然也是有的。

我认为在亚洲某些地区，所谓“代差”的形成，与两代之间接受西化的程度有关。以音乐为例，中年一代的东方人接受西方的古典音乐，都已视为当然，但对于年轻一代欣然接受的摇滚乐，则往往格格不入，甚且讥嘲。古典音乐也许真比摇滚乐“高雅”些，但是在本质上，两者都是从西方来的，听古典音乐并不比听摇滚乐更为“爱国”，就像穿牛仔裤也不比穿正式西装更“崇洋”一样。

台湾青年接受西方文化，可分几个层次。下层者该是接受服装与发式等表面的东西。再上一层大概是听民谣与摇滚乐。最上层的，是吸收文学、艺术、戏剧、哲学等等。所谓“代差”，倒不一定是一代比一代西化。以新诗为例，“五四”的新诗人恨不得抛掉文言，台湾的现代诗人却主张酌予采用：在台湾，上一代的作家曾热衷于西方的现代主义，但下一代的作家反而鼓吹民族性与乡土感。显然，前述的西化三层次都有“代差”的现象，而层次愈低，“代差”的程度愈高。

自从“五四”新文化运动以来，有三样东西一直在敲中国的大门：赛先生、德先生、缪斯小姐。赛先生是最受欢迎的。中国文化在科学方面最弱，因此对于外来的赛先生，一点抵抗力量也没有。在美国，年轻的一代为了自然环境而反对科学，至少是反对科学带来的工业文明。但是在开发中的地区如台湾，正欢迎科学之不暇，还没有这种现象。对于民主，中国人的态度仍颇不一致，即使表面上欢迎它的人，也有不少在心里加以怀疑，甚至抗拒。德先生在中国仍是一位名多于实的“嘉宾”。至于文艺，中国自有深长的传统，缪斯小姐赢得了年轻一代的爱好，但似乎很难取得上一代的信任。台湾的现代作家要“娶”这位小姐，似乎还有相当困难。三者相比，赛先生人缘最好，并无“代差”问题，德先生人缘较差，缪斯小姐带来的“代沟”最深。

新事物的兴起，引起的代间反应，常有轨迹可寻。祖父一代反对的东西，父亲一代可能视为当然，但是到了儿子的一代又已成为陈迹。每一次的革命，无非是针对上一次的革命。不少所谓“革命家”，到了老年，心灵便关闭了起来，不再能接受新的观念，乃成了革命的对象。代间的关系，当然也不是一成不变的。父亲可能渐渐发现，儿子并不是那么幼稚，儿子也可能发现，父亲的看法不尽陈腐。为人子者，终有一天亦为人父。有时，儿子一代会欣赏祖父甚至曾祖父那一代的事物，而使之复兴。先知的影响，往往是隔代的。

“代差”因互相了解而缩短，因误解而加深。了解，是一条双行道。上一代居于领导的优势，掌握着发言权，下一代则每每苦无发言的机会，这样的单行道最容易引起代差，久之便成为代沟了。如果上一代能跳出“作之师”的绝对主观，耐心听听下一代的意见，情形当可改善。

我对“代差”的看法是相当乐观的。“代差”往往成为推动社会的力量。如果下一代事事萧规曹随，跟着上一代走，这社会怎能进步？一个没有“代差”的社会，必然是死气沉沉，十分闭塞的社会。一个社会不能不变，但也不能变得太快。上一代要拉住它，下一代要推动它，推的力量比拉的力量大，进步便在其中。

——1975年12月

龙年迎龙

兔尾龙头，乙卯欲尽，丙辰将临。台湾寄来的贺年信上，已经喜见奋鬣舞爪的神龙邮票。香港也正开始发行龙年金币。飞龙婉婉，该是1976年流行的意象。

见首不见尾，龙之为物充塞于中国文化之中，从文学到艺术，从哲学到迷信，到处都是它神秘的夭矫之姿。能与龙相提并论的，似乎只有凤和虎。《礼运》里固然麟凤龟龙并称四灵，但是在一般的成语如“龙蟠凤逸”和“龙骧虎步”里，仍以和凤、虎对照的气象为多。“云从龙，风从虎”之说，早见于《易经》。据说“龙是水畜，云是水气，故龙吟则景云出：虎是威猛之兽，风是震动之气，故虎啸则谷风生。”龙，真是这么威灵吗？韩愈曾经赞叹：“龙嘘气成云……乘是气，茫洋穷乎玄间，薄日月，伏光景，感震电，神变化，水下土，汩陵谷，”寥寥数语似在状云，但是龙的蟠蜿神态也尽在其中了。龙既如此神勇，难怪人人都要攀附。相传黄帝骑龙升天，从者争攀龙髯，以致髯堕而不得俱升。又传李贺死时，一绯衣人驾赤虬自天降，接他上去为白玉楼作记。在李贺的心目中，韩愈便是龙了吧。这攀龙意识，在他的《高轩过》中便成为“我今垂翅附冥鸿，他日不羞蛇作龙”。可怜韩愈自己穷涸之时，也成为搁浅之龙，无法自致乎水，要哀求“有力者”援之以手而转之清波。

龙在中国意识里，是圣人之象。所谓圣人，有时是指帝王，有时是指大智之人。《庄子·天运篇》说孔子见了老子后，三日无言，弟子问他对老子说了些什么，他说：“吾乃今于是乎见龙！龙，合而成体，散而成章，乘乎云气而养乎阴阳。予口张而不能嗋，予又何规老聃哉！”《史记》里说孔子适周，问礼于老子，退而语其弟子：“鸟，吾知其能飞，鱼，吾知其能游，兽，吾知其能走；走者可以为罔，游者可以为纶，飞者可以为矰。至于龙，吾不知其乘风云而上天，吾今日见老子，其犹龙邪！”孔子尊老子为龙，极喻其神而难明，高不可攀。楚狂接舆却叹孔子为：“凤兮凤兮，何汝德之衰也！”这一龙一凤的比喻，应该是中国文化中最美丽的复合意象了。龙凤以喻出类拔萃的才俊之士，屡见于我国的历史。三国时以伏龙凤雏称诸葛亮与庞统，比之上述二圣，可谓一对小龙凤吧。封建意识习以龙为帝王之象，乃有“龙鳞”、“龙颜”之称，但是对于人和物，也尽可以龙相誉。颜延之赞嵇康时说：“鸾翮有时铩，龙性谁能驯？”似乎龙比凤还要高贵一些。人固如此，物亦同然。剑之神者称龙泉、龙渊，马之骏者称龙媒、龙驹，象之良者称龙象，虾之硕者称龙虾。龙，究竟是什么东西，竟令古人奉若神明而又说得不明不白？拨开神话之雾，龙究竟有多少事实的根据？所谓龙凤，龙虎，龙蛇，以至于蛟龙，鱼龙之中的龙，究竟是巨蟒，是恐龙，是鲸鱼，还是穿山甲？“幽愁秋气上青枫，凉夜波间吟古龙”，神奇而刚猛的形象，令人疑惧而又感奋，直到如今。

在西方，龙被认为幻想中的巨大爬虫。英文的dragon一字，通常译为龙。据说西方的龙身如巨鳄，其爪如狮，其翼如鹰，其尾如蟒。这种组合起源于巴比伦的神话，到了希腊神话里似乎屡有变形。我怀疑贝勒洛丰射杀的怪兽Chimaere可能是龙的变种，至于突袭奥歌舟子的恶禽Harpies则可以视为西方的飞龙。

在中国，龙的联想到阳刚，雄伟而高贵的。在西方，恰恰相反，龙是邪恶的象征。希腊神话里，凯德穆思宰了一条龙，把龙齿播在土里，竟生出一队武士来，围住凯德穆思，要杀害他。是以“播龙牙”成了引起战祸的成语。在日尔曼的神话里，龙是守卫金银宝藏的妖兽，常为英雄所屠。贝奥武夫所杀的火龙，齐格菲所杀的毒龙，都是很好的例子。

“安禅制毒龙”，佛语以毒龙喻妄念。基督教则以龙蛇一体，象征撒旦。《启示录》呼撒旦为巨龙。旧约的诗篇说圣徒“应践龙于地”。所以在基督教的画里，耶稣和圣母的脚下常踏着一条龙，至于伏龙、屠龙的天使及圣徒，更是不胜枚举。最有名的一幅，是文艺复兴的大师拉菲尔所作的“圣乔治屠龙图”，图中可见英武的天使长圣乔治像一位中世纪的武士那样跨在一匹白马上，正挺其长矛，搠向地上那条张牙舞爪的恶龙，而那条龙，正是西方传统中那个亦狮亦鳄亦鹰亦蟒的妖怪。据说，那幅名画的寓意，正是基督徒克服了罪恶。在英文字典里，龙的古训便是蛇；其他的引申义还有“惊觉而顽强的女监护人”、“恶徒”、“蜥蜴”、“撒旦”、“天龙星座”等等。其中女监护人该是龙守宝库的引申，以喻长辈妇人对少女看管之严。

同样一条龙，西方为凶，东方为祥，对照如此，正是比较文学的好题目。不过龙年之龙，当然还是中国的龙。龙德在水：“其得水，变化风雨，上下于天下难也。”台湾与香港，无论地名或地理，都得水，然则龙年得水，当有波澜壮阔之势。兔尾苦短，追之无益。龙头方昂，来日正长。我的生肖属龙，龙年迎龙，以祝台港读者，亦以自祝。

——1976年元月

哀中文之式微

“关于李商隐的《锦瑟》这一首诗，不同的学者们是具有着很不相同的理解方式。”“陆游的作品里存着极高度的爱国主义的精神。”类此的赘文冗句，在今日大学生的笔下，早已见惯。简单明了的中文，似乎已经失传。上文的两句话，原可分别写作：“李商隐《锦瑟》一诗，众说纷纭。”“陆游的作品富于爱国精神。”中文式微的结果，是舍简就繁，舍平易而就艰拗。例如上引两句，便是一面滥用大而无当的名词（理解方式，高度，爱国主义），一面乱使浮而不实的动词（是具有着，存在着）。毛病当然不止这些，此地不拟赘述。

日常我所接触的大学生，以中文、外文两系最多。照说文学系的学生，语文表达的能力应无问题，而笔下的中文竟然如此，实在令人担忧。我教翻译多年，往往，面对英文中译的练习，表面上是批改翻译，实际上主要是在批改作文。把“我的手已经丧失了它们的灵活性”改成“我的两手都不灵了”，不是在改翻译，而是在改中文。翻译如此，他如报告、习作、论文等等，也好不了许多。香港的大学生如此，台湾的大学生也好得有限。

此地所谓的中文程度，卑之无甚高论，不是指国学的认识或是文学的鉴赏，而是泛指用现代的白话文来表情达意的能力。然则，中文何以日渐低落呢?

现代的教育制度当然是一大原因。古人读书，经史子集，固亦浩如烟海，但究其范围，要亦不出人文学科，无论如何，总和语文息息相关。现代的中学生，除了文史之外，英文、数学、理化、生物等等，样样要读，“于学无所不窥”，俨然像个小小博士。要我现在回头去考大学，我是无论如何也考不取的。中学课程之繁，压力之大，逼得学生日与英文、数学周旋，不得不将国文贬于次要地位。所谓国文也者，人人都幻觉自己“本来就会”，有恃无恐，就算临考要抱佛脚，也是“自给自足”，无须担心。

文言和白话对立，更增加中文的困难。古之学者，读的是文言，写的也是文言，尽管口头所说与笔下所书大不相同，形成了一种病态，可是读书作文只要对付一种文体，毕竟单纯。今之学者，国文课本，读的大半是文言，日学写的却是白话，学用无法一致，结果是文言没有读通，白话也没有写好。两短相加，往往形成一种文白夹杂的拗体。文白夹杂，也是一种不通，至少是不纯。同时，国文课本所用的白话文作品，往往选自“五四”或三十年代的名家，那种白话文体大半未脱早期的生涩和稚拙，其尤浅白直露者，只是一种滥用虚字的“儿化语”罢了。中学生读的国文，一面是古色斑斓的文言，另一面却是“我是多么地爱好着那春季里的花儿”一类的嫩俚腔，笔下如何纯得起来?

不纯的中文，在文白夹杂的大难之外，更面临西化的浩劫。西化的原因有二，一为直接，一为间接，其间的界限已难于划分。直接的原因，是读英文。英文愈读愈多，中文愈读愈少，表现的方式甚至思考的方式，都不免渐受英文意识的侵略。这一点，在高级知识分子之间，最为显著。“给一个演讲”，“谢谢你们的来”，是现成的例子。至于间接的影响，则早已弥漫学府、文坛与大众传播的媒介，成为一种文化空气了。生硬的翻译，新文艺腔的创作，买办的公文体，高等华人的谈吐，西化的学术论著，这一切，全是间接西化的功臣。流风所及，纯正简洁的中文语法眼看就要慢慢失传了。三五年之后，诸如“他是一位长期的素食主义的奉行者”的语法，必成为定格，恐怕没有人再说“他吃长素”了。而“当被询及其是否竞逐下届总统，福特微笑和不作答”也必然取代“记者问福特是否竞选下届总统，他笑而不答”。

教育制度是有形的，大众传播对社会教育或“反教育”的作用，却是无形的。中文程度低落，跟大众传播的方式有密切的关系。古人可以三年目不窥园，今人却不能三天不读报纸，不看电视。先说报纸。报纸逐日出版，分秒必争的新闻，尤其是必须从速处理的外电译稿，在文字上自然无暇仔细推敲。社论和专栏，要配合时事近闻，往往也是急就之章。任公办报，是为了书生论政，志士匡时，文字是不会差的。今人办报，很少有那样的抱负。进入工业社会之后，更见广告挂帅，把新闻挤向一隅，至于文化，则已沦为游艺杂耍。报上常见的“翻译体”，往往是文言词汇西化语法组成的一种混血文体，不但行之于译文，更且传染了社论及一般文章。“来自四十五个国家的一百多位代表们以及观察员们，参加了此一为期一周的国际性会议，就有关于成人教育的若干重要问题，从事一连串的讨论。”一般读者天天看这样的中文，习以为常，怎能不受感染呢?

自从电视流行以来，大众和外面世界的接触，不再限于报纸。读者变成了观众或者“观听众”，和文字的接触，更疏远了一层。以前是“读新闻”，现在只要“听”新闻甚至“看”新闻，就够了。古人要面对文字，才能享受小说或传奇之趣，今人只须面对电视，故事自然会展现眼底，文字不再为功。萤光幕上的文字本不高明，何况转瞬已逝，也不暇细究了。“消息端从媒介来”，麦克鲁恒说得一点也不错。我曾和自己的女儿说笑：“男朋友不准打电话来，只准写情书。至少，爸爸可以看看他的中文通不通。”

戏言自归戏言。如果教育制度和大众传播的方式任其发展，中文的式微是永无止境，万劫难复的。

——1976年2月

鸡犬牛羊

杨牧回国以后，文思颇畅，在“人间”副刊发表了散文多篇，清新典雅，无不可诵。当代最好的散文，半出诗人之手，这一点，是可以确定的。无论是前年在台大林文月教授的班上，或是去年在香港中文大学校外部自己所开的“二十年来台湾地区的文学”班上，我都戏称这种散文为“诗余派”。诗余者，诗人之余绪也，也可释为：行有余力，则以为文。

去年耶诞日，杨牧在“人间”所刊《北西北》一文的中篇，引述了我《落矶大山》的末三行：

重九日，从此处下山
走向一个劫后的世界
牛羊死了一地

他说：“此诗初稿发表时，我曾质问他：‘什么牛羊死了一地？’他很惊讶我之孤陋寡闻，不知桓景之事。其实《艺文类聚》所录《续齐谐记》是说‘鸡犬一时暴死’的，并无牛羊，原书我未查过，也许是有牛羊也未可知。”

按四部集要子部魏晋小说所收《续齐谐记》，在“九日登高”一项下的原文是这样的：“汝南桓景随费长房游学累年，长房谓曰：‘九月九日，汝家中当有灾。宜急去，令家人各作绛囊，盛茱萸以系臂，登高饮菊花酒，此祸可除。’景如言，齐家登山，夕还，见鸡犬牛羊一时暴死。长房闻之曰：‘此可代也。’今世人登高饮酒，妇人带茱萸囊，盖始于此。”

《续齐谐记》的作者是梁时的吴均，可见那时重九登高，饮酒的是男子，而佩带茱萸的是女人。到了王维和杜甫的时代，似乎男子也时兴“遍插”与“醉把”了。杨牧所引《续齐谐记》不知出于何书，不但删去了牛羊，其他文句也颇有出入。这么一来，倒好像他不容牛羊，而我则对鸡犬存有偏见。杨牧所引，不见牛羊。《太平御览》卷三十二引作“夕还，见鸡牛羊一时暴死，”又丢了狗。我遍查《辞源》、《辞海》、《大汉和辞典》等书，所引《续齐谐记》，则又鸡犬牛羊，一应俱全。这位桓景的府上究竟有几种家畜，令人好生纳闷。

《四库全书总目提要》的小说家类，也许可以给我们答案。《续齐谐记》项下，说明该书“在唐时已援为典据，亦小说之表表者矣。惟刘阮天台一事，徐子光注李瀚《蒙求》引《续齐谐记》之文，述其始末甚备，而今本无此条。岂原书失佚，后人于《太平广记》诸书内，钞合成篇，故偶有遗漏欤？”

综上所述，我的“牛羊死了一地”，应该是站得住的吧。重九之日，登高避难，是中国美丽的传说，也是诗人求之不得的题材。我的生日正值重九。诗中典故成为母难之日，于亲切之外，更深感惶恐。1971年，我写《落矶大山》时，正在丹佛，地高山峻，真应了唐人绝句所谓的“一片孤城万仞山”那种境界。感觉之中，世方多难，传说中的家祸成了现实的国难，而我，一个人高高遁在落矶山上，岂不有独以身免之愧？至于诗末只用牛羊而不列鸡犬，则是就地取材，因为丹佛地扼西部之要冲，多的是牛羊，真有桓景之劫，则死的该是大野的牛羊，而非檐下的鸡犬。十四年前的重九，怀抱同样的心情，我曾写过下列的诗句：

不饮菊花，不佩茱萸，母亲
你不曾给我兄弟
分我的哀恸和记忆，母亲

不必登高，中年的我，即使能作
赤子的第一声啼
你在更高处可能谛听？

永不忘记，这是你流血的日子
你在血管中呼我
你输血，你给我血型

你置我于此，灾厄正开始
未来的大劫
非鸡犬能代替，我非桓景

足见我对鸡犬原无成见，然则杨牧当亦可释然于我的牛羊了。说了半天，无非是“风吹草低见牛羊”，还望诗人“醉把茱萸仔细看”吧。

——1976年1月19日

茱萸之谜

茱萸在中国诗中的地位，是十分特殊的。屈原在《离骚》里曾说：“椒专佞以慢慆兮，榝又欲充夫佩帏。”显然认为榝是不配盛于香囊佩于君子之身的一种恶草。榝，就是茱萸。千年之后，到了唐人的笔下，茱萸的形象已经大变。王维的“遥知兄弟登高处，遍插茱萸少一人”，杜甫的“明年此会知谁健，醉把茱萸仔细看”，都是吟咏重阳的名句。屈原厌憎的恶草，变成了唐人亲近的美饰，其间的过程，是值得追究一下的。

重九，是中国民俗里很富有诗意的一个节日，诸如登高，落帽，菊花，茱萸等等，都是惯于入诗的形象。登高的传统，一般都认为是本于《续齐谐记》所载的这么一段：“汝南桓景随费长房游学累年。长房谓曰：‘九月九日，汝家中当有灾。宜急去，令家人各作绛囊，盛茱萸以系臂，登高饮菊花酒，此祸可除。’景如言，齐家登山。夕还，见鸡犬牛羊一时暴死。长房闻之曰：‘此可代也。’今世人九日登高饮酒，妇人带茱萸囊，盖始于此。”

重九的吟诗传统，大概是晋宋之间形成的。二谢戏马台登高赋诗，孟嘉落帽，陶潜咏菊，都是那时传下来的雅事。唯独茱萸一事似乎是例外。《续齐谐记》的作者是梁朝人吴均，而桓景和费长房相传是东汉时人。根据《续齐谐记》的说法，登高，饮菊花酒，带茱萸囊，这些习俗到梁时已颇盛行，但其起源则在东汉。可是《西京杂记》中贾佩兰一段，却说汉高祖宫人“九月九日佩茱萸，食蓬饵，饮菊华酒，令人长寿”。此说假如可信，则重九的习俗更应从东汉上推以至于汉初了。但无论我们相信《西京杂记》或是《续齐谐记》，最初佩带茱萸的，似乎只是女人。不但如此，南北朝的诗中，也绝少出现咏茱萸之作。

到了唐朝，情形便改观了。茱萸不但成为男人的美饰，更为诗人所乐道。当时的女人仍佩此花，但似乎渐以酒姬为主，称为茱萸女，张谔诗中便曾见咏。王维所谓“遍插茱萸”，说明男子佩花之盛。杜甫所谓“醉把茱萸”，可能是指茱萸酒。重九二花，菊与茱萸，菊花当然更出风头，因为它和陶渊明缘结不解，而茱萸，在屈原一斥之后，却没有诗人特别来捧场。虽然如此，茱萸在唐诗里面仍然是很受注意的重阳景物。杜甫全集里，咏重九的十四首诗中便三次提到茱萸。李白的诗句：

九日茱萸熟

插鬓伤早白

说明此树的红实熟于重九，可以插在鬓边。佩带茱萸的方式，可谓不一而足，或如赵彦伯所谓“簪挂丹萸蕊”，或如陆景初所谓“萸房插缙绅”。至于李峤的“萸房陈宝席”和杜甫的“缀席茱萸好”，则是陈花于席，而李乂的“捧箧萸香遍”该是分传花房或赤果。储光羲的“九日茱萸飧六军”，恐怕是指茱萸酒，而不是指花。

我想佩缀茱萸之风大盛于唐，大概是宫廷倡导所致。当时每逢重阳佳节，皇帝常常率领一班文臣登高赋诗，同时把一枝枝的茱萸分群臣佩饰，算是辟邪消灾，应付桓景的故事。翻开《全唐诗》，多的是“九月九日幸临渭亭登高应制”或者“九月九日登慈恩寺浮图应制”一类的诗题。这一类的诗，无非“菊彩扬尧日，萸香违舜风”，“宠极萸房遍，恩深菊酎余”的颂辞，绝少文学价值。一般说来，应制诗常提到此花，反之则少提及，可见宫廷行重九之令，一定备有此花。杜甫五律《九日》末二句：“茱萸赐朝士，难得一枝来”，指的正是这件事。到了陆游的诗句“但忆杜醅挼菊蕊，敢希朝士赐萸枝”，恐怕只是偷杜甫之句，不是写实了。

只要看唐代“茱萸赐朝士”之盛，便可以想见汉代宫人佩花之说或非虚构。汉高祖时不可能流行桓景故事，而《西京杂记》中所言重九种种也并无登高之说。原来茱萸辟邪除害，并非纯由传说，乃有医学根据。我们统称为“茱萸”的植物，其实更分为三类：山茱萸属山茱萸科，吴茱萸和食茱萸则属芸香科，功能杀虫消毒，逐寒去风。李时珍在《本草纲目》里说，井边种植此树，叶落井中，人饮其水，得免瘟疫。至于说什么“悬其子于屋，辟鬼魅”，自然是迷信，大概是取其味辛性烈之意，正如西洋人迷信大蒜可以逐魔吧。郭震所谓“辟恶茱萸囊，延年菊花酒”，正是此意。除此之外，吴茱萸还可以“起阳健脾”，山茱萸更能“补肾气，兴阳道，坚阴茎，添精髓，安五脏，通九窍”。不知这些功用和此物大盛于唐有没有关系？据说茱萸之为物，不但花、茎、叶、实均可入药，还可制酒。白居易所谓“浅酌茱萸杯”，恐怕正是这种补酒。

食茱萸的别名，有榄、藙、越椒等多种。古人以椒、榄、姜为“三香”，到了明朝，榄已罕用，现代人则只用椒与姜，不知茱萸为何物了。但在《礼记》里，三牲即已用茱萸来调味去腥。《吴越春秋》更说：“越以甘蜜丸榄报吴赠封之礼”，可见早在屈原之前，茱萸已成国际间相赠的礼品了。然则众人之所贵，何以独独见鄙于屈原呢？可能茱萸味特辛辣，“螫口惨腹”，不合屈原口味，甚至引起过敏之症，也未可知。曹植诗句：“茱萸自有芳，不若桂与兰”，也许正说中了此意。

——1976年9月

无物隔纤尘

——韦应物小品浅尝

在中唐的文坛上，韦应物是一位出色的诗人。大历初年，他虽已逾而立，但是他少时以三卫郎事玄宗，《全唐诗》说他“晚更折节读书”，兼以长寿，可说纯为中唐人物。韦应物卒于何年，不能确定，从《韦苏州集》序只知道他任苏州刺史，是贞元初年，罢守后寓居永定精舍，“其后事迹，究寻无所见肇。”沈德潜说他“贞元中尚存，按其年百余岁矣”。这是不可能的。韦应物生于开元二十三四年间，即使到贞元末年，也不过八十岁吧。他的生平，我们所知不多。奇怪的是，新、旧唐书都不为他立传。他的诗集也不十分可靠。宋王钦臣校定的《韦苏州集》，分十五总类，得571首，但其后陆续添附的几首诗中，竟有作品亦在杜审言与岑参集中出现。最可疑的一首，是《送李十四山东游》。因为李白排行是十二，不是十四，而且比韦应物大三十多岁。连沈德潜也起了怀疑，说“集中有送太白诗，无与少陵赠答，岂两人本不相识耶？”

韦应物的诗风近似陶潜而质厚稍逊，世有“陶韦”之称。在唐代诗人之中，也每与王维或柳宗元相提并论，成为田园诗的代表人物。韦应物的风格，在传统的批评之中，虽早有定论，但诸家的用语颇不一致。白居易说他“高雅闲淡”，徐师川说他“流丽”，葛繁说他“峻洁幽深”，三说各有所见，却不易调和。宋潜溪说得较有弹性：“韦应物祖袭灵运，能一寄浓纤于简淡之中，渊明以来，一人而已。”朱熹对韦应物也极为推崇，曾说韦诗不可不熟读，又说韦诗无一字造作，气象近道，真可传人也。大褒小贬之论也时有所闻。《西清诗话》说他“奈时有野态”，李东阳说他“稍失之平易”，葛常之则说“韦应物诗平平处甚多”。

虽然如此，说到韦诗的五古，论者却是一致赞美的。通俗的《唐诗三百首》所选五古，以韦诗最多。《唐诗别裁》所选五古的篇数，韦诗高居第二，仅次于杜甫。他的绝句，无论五言七言，都很出色，我尤其欣赏他的五绝。王士祯说他的五绝“本出右丞，加以古澹”，我倒觉得韦应物有些五绝不但比王维的更好，而且变化更多，妙处每在葛繁所说的“峻洁幽深”，而不全在“古澹”。韦诗之中颇多七言的歌行，较之李杜同体之作，神气全非，正是葛常之所谓平平处。像下面这首《王母歌》：

众仙翼神母，羽盖随云起。
上游玄极杳冥中，下看东海一杯水。

海畔种桃经几时，千年开花千年子。

玉颜眇眇何处寻，世上茫茫人自死。

换了李白或李贺来写，定然出色得多。李贺《梦天》中的奇句“遥望齐州九点烟，一泓海水杯中泻”，和《浩歌》中的神笔“王母桃花千遍红，彭祖巫咸几回死？”都似乎暗师韦意，但感觉却鲜活得多。以李贺的瑰异，来学韦应物的古澹，实在出人意外。其实韦应物用情很深，发而为诗，并不尽属“高雅闲淡”之致。韦氏早年丧偶，独自抚育二女，长女成年后远适杨氏。他的那首《送杨氏女》，恐怕是中国诗里咏叹父女之情最体贴最深厚的作品，我每次诵读都忍不住泣下。鳏夫悼亡，慈父怜女之情，在《韦苏州集》中，发为《伤逝》、《出还》、《悲纨扇》等十九首作品，十分感人，其中《出还》一首，沈德潜认为比潘岳悼亡之作更为真实。至于集中寄赠怀思之作，或念诸弟，或寄远友，或怀僧人，流露的感情亦十分深厚，含蓄。

我最喜欢的韦诗，是一些意象逼真或意境玄妙的五绝隽品。下列四首可以代表前者：

山月皎如烛，风霜时动竹。

夜半鸟惊栖，窗间人独宿。

——《同褒子秋斋独宿》

时节变衰草，物色近新秋。
度月影才敛，绕竹光复流。
——《玩萤火》

秋荷一滴露，清夜坠玄天。
将来玉盘上，不定始知圆。
——《咏露珠》

军中始吹角，城上河初落。
深沉犹隐帷，晃朗先分阁。
——《咏晓》

这些小品，置之现代的意象派诗中，也觉十分突出。至于下面两首，更是空灵玄妙，理趣可玩，富于抽象之美，不同中国古典传统之畦径。第三首咏蝌蚪，不但饶有谐趣，更有人与蝌蚪对话的戏剧意味：前四句是韦应物语蝌蚪，后二句是蝌蚪答韦应物。

明从何处去，暗从何处来。
但觉年年老，半是此中催。
——《咏夜》

万物自生听，太空恒寂寥。

还从静中起，却向静中消。

——《咏声》

临池见科斗，美尔乐有余。

不忧网与钩，幸得免为鱼。

且愿充文字，登君尺素书。

——《南池宴钱子辛赋得科斗》

——1976年3月

诗魂在南方

屈原一死，诗人有节。诗人无节，愧对灵均。滔滔孟夏，汩徂南土，今日在台湾、香港一带的中国诗人，即便处境不尽相同，至少在情绪上与当日远放的屈原是相通的。《大招》说："魂乎无南。"《招魂》说："魂兮归来，南方不可以止些。"当日的诗人，沅湘已恨其远，今日的我们，更在苍梧以南，则又情何以堪?

若问中国的诗魂今日何在，曰在南方。二十多年来，现代诗在台湾历经变化，迂回成长，虽距大成之日尚远，却能突破文化的僵局，带动文艺的生机，发出一点新的声音，证明诗魂未全死去。论者有诬台湾的现代诗为全盘西化，其实"横的移植"之说只是五十年代某些诗人的主张，而超现实主义云云也只是六十年代部分作者的道路。今日台湾文坛反西化运动之势，早已超过了往日的反传统运动。诸如诗集、诗刊、诗选的出版，诗的演讲会、座谈会、朗诵会甚至写作班等等活动，早已形成了一个活的传统，吸引的读者和听众愈来愈多。只要翻翻"书评书目"出版的林焕彰所编厚达242

页的《近三十年新诗书目》，就可以知道现代诗在台湾已经打开了怎样一个局面。无可讳言，现代诗还有不少毛病，例如主题仍须开拓，形式尚待改进，语言犹欠成熟，可是比起早期的新诗来，确已朝前跨出了好几大步。二十多年后，现代诗人不但在文坛上有所建树，而且在学府中也奠定了基础。在台湾各大学担任讲师、教授、系主任等的现代诗人愈来愈多，现代诗人在台湾，早已不是文艺青年的代名词了。

6月初应香港“诗风社”之请由台北来港演讲的杨牧，正是这么一位诗人兼学者的代表人物。杨牧是王靖献的新笔名，叶珊是他的旧笔名，知者更众。他是台湾花莲人，东海大学外文系毕业后赴美，先后获得爱荷华大学艺术硕士、柏克莱加州大学文学硕士及比较文学博士等学位，现任华盛顿大学副教授，并在台湾大学外文系担任客座教授。杨牧在文学批评方面颇有成就，用中文写的《传统的与现代的》在台湾出版，用英文写的The Bell and the Drum在美国出版，都饶有比较文学的见地。

台港星马的读者心目中的杨牧，却是一位风格雅丽才思清妙的作家，在文坛上的形象是年轻而耽美的。无论是诗或散文，杨牧的表现都是第一流的。他的诗集，从最早的《水之湄》到最近的《瓶中稿》，已经出版了六种，风格的变化颇大。少年的时代，他的声音从花莲传来，和郑愁予、夐虹、林泠等并称婉约派，一唱三叹，很有点现代词的味道。目前他的诗风早已自成一家，不但在短篇抒情诗中揉合了古典的韵味和现代的感性，而且在长诗之中探讨叙事和戏剧的新疆。杨牧的散文是当代最敏感最迷人的妙笔之一，咏叹的诗情之中别有一种俊逸儒雅之气，笔下的词汇和语法很富弹性。我常戏称诗人的散文为“诗余派”，偏偏这一派的副业，虽为无心插柳，竟比正业更受读者欢迎。这种喧宾夺主的现象，加上杨牧又善饮，使我有一次忍不住调侃他说：诗名已在文名下，更笑文名惭酒名。杨牧的散文集前有《叶珊散文集》，近有《年轮》。他的诗风文体，令人想到另外的一“牧”，唐之杜牧。

杨牧来港的演讲，以现代诗为主题，时间是6月5日下午二时半，地点是湾仔皇后大道东华仁书院礼堂。主办这次诗人节盛会的“诗风社”，是香港一群少壮诗人组成的诗社，出版《诗风》月刊已有四十八期，所以6月5日的演讲会也是该社成立四周年的纪念会。为了纪念四周年并向屈原致敬，该社并举办征诗比赛，奖金港币二百元，即由杨牧评判，在6月1日出版的《诗风》上公布结果。

现代诗在香港，起步比台湾晚，环境也不如台湾顺利，十多年来虽然有《中国学生周报》和《好望角》等刊物的支持，戴天、也斯等作家的鼓吹，似乎迄未成为普遍的文学运动。四年前的“诗风社”便是在这种冷漠的逆境下毅然成立的。四年来的《诗风》月刊，创作与批评并重，不但为香港有志于新诗的青年提供一亩美好的园地，而且对早期的新诗和台湾的现代诗都有深入而敏锐的批评，可以和去年创刊的《大拇指》周刊并称鼓吹现代诗最力的两份期刊。“诗风社”的创办人与编辑陆健鸿、黄国彬、郭懿言、谭福基、胡国贤等都是香港大学近年毕业的校友，于中英文学均颇有修养，尤其是陆、黄二位，在创作之余更发表了不少笔锋犀利的评论。焉知十年二十年之后，他们不是更新一代的杨牧？黄国彬现任新亚书院英文系助教，他的诗集《攀月桂的孩子》去年端午在台北出版，题材颇富，语言也在晦涩和浅白之间力求平衡。像下列的句子：

走后，你只留下一扇
默默的门，和一条晾衣绳子。

便是写景有情之境。给他一段时间，黄国彬就会给我们更醇的作品。

经常在《诗风》上发表作品以及最近加入该社的作者，尚有罗青、陈芳明、北岳、何福仁、凌至江、黄泽林、黑教徒、叶新康、周国伟、王伟明等多人。三月号和四月号两期的《诗风》更一连发表了中文大学五位同学评析新诗名作的五篇论文，令人对中大的文风刮目相看。我深信，这些少壮作者正代表香港年轻一代的新感性，新精神，假以时日，他们必能光辉香港的诗坛并进而光大中国的文坛。蓝墨水的上游是汨罗江，希望有一天，“魂乎无南”果真成为“魂其在南”，屈原在波下当可瞑目了。

——1976年6月

骆驼与虎

老舍之死，一度成谜。现在当可确定，他死于1967年红卫兵之威迫，自杀的方式则是投水。他的小说《骆驼祥子》必然传后，成为三十年代文学的一方里程碑，也是可以确定的了。胡金铨先生近年致力于老舍的评传，梁实秋先生更认为老舍的成就足以问鼎诺贝尔文学奖。微词，当然是难免的。夏志清先生在《近代中国小说史》里，认为《骆驼祥子》在描写个人努力的惨败和安排情节结构的严谨上，可比哈代的小说《卡斯特桥的市长》，但又认为书末对祥子的讽刺与全书悲天悯人的同情笔触格格不入，而某些段落又犯了说教太露之病。董桥先生在今年6月份的《明报月刊》发表《从〈老张的哲学〉看老舍的文字》一文，指出这位“语言大师”的文字，在流利口语的正格之外，也不免病于欧化的新文艺腔，而叙事写景的部分，也缺少含蓄与暗示。

《骆驼祥子》是一部大书，评者已多，我在这篇短文里只想拈出两点来略加分析。首先是主题。本书的主题，说得落实些，是祥子的堕落，可是堕落的成因，与其说是性格的弱点，不如说是社会的压力。所以抽象一点，本书的主题正如老舍自己一再点明的，是所谓个人主义之没落。个人主义一词的定义，有正有反，因人而异，易生误会。自扫门前雪，可以解释为个人主义：一士之谔谔，不也是个人主义吗？相信集体主义的人士，最喜欢抓住个人主义消极的一面来大施挞伐，迫使个人就范。其实，今日正大行其道的集体主义，表面上似乎救了中国，背地里却苦了中国人。老舍在小说里刻画的，正是个人主义的消极面，刻画之不足，更巧引老车夫的譬喻加以象征。老车夫对祥子说："看见过蚂蚱吧？独自一个儿蹦得也怪远的，可是教个小孩子逮住，用线儿拴上，连飞也飞不起来。赶到成了群，打成阵，哼，一阵就把整顷的庄稼吃净，谁也没法儿治它们！"这譬喻看来贴切，其实欠妥，因为蝗群的力量在于破坏，究非立国之常道。不过，无论妥与不妥，小说家借人物之口用曲笔来点题，总还是艺术分内的事。可惜老舍未能把握分寸，到了书末，一再走到幕前来，向读者直接陈述。最后的一页是这样的：

他走他的，低着头像作着个梦，又像思索着点高深的道理。那穿红衣的锣夫，与拿着绸旗的催押执事几乎把所有的村话都向他骂去："孙子！我说你呢，骆驼！你他妈的看齐！"他似乎还没有听见。打锣的过去给了他一锣锤，他翻了翻眼，朦胧的向四外看一下。没管打锣的说了什么，他留神的在地上找，看有没有值得拾起来的烟头儿。

体面的，要强的，好梦想的，利己的，个人的，健壮的，伟大的，祥子，不知陪着人家送了多少回殡；不知道何时何地会埋起他自己来，埋起这堕落的，自私的，不幸的，社会病胎里的产儿，个人士义的末路鬼！

这样的结尾，把主题点得十分露骨，略无余味，而口吻凌厉的判决，对祥子也不够公平。倒是前面的一段，用祥子寻寻觅觅的落魄身影作结，不落言诠，又富形象，更能予人哀沉之感。小说到此，正如现代电影终场的淡出，余音袅袅，所谓“篇终接混茫”是也。后段则成了蛇足，有如导演上台来下结论。其实，《骆驼祥子》一书，作者的旁白颇多，一件事情发生，往往前有导论，后有感想，把事件咀嚼过烂。含蓄，不能算老舍的特长。

但在另一些地方，作者似乎又过于含蓄了。本书男女主角祥子和虎妞的不解之缘，结于虎妞色诱祥子的一夕。那当然是极其重要的一幕，对于小说的艺术是一大考验。祥子酒后，失却自持，正要采取行动，接着便以下面这段作结：

屋内灭了灯。天上很黑。不时有一两个星刺入了银河，或划进黑暗中，带着发红或发白的光尾，轻飘的或硬挺的，直坠或横扫着，有时也点动着，颤抖着，给天上一些光热的动荡，给黑暗一些闪烁的爆裂。有时一两个星，有时好几个星，同时飞落，使静寂的秋空微颤，使万星一时迷乱起来。有时一个单独的巨星横刺入天角，光尾极长，放射着星花：红，渐黄；在最后的挺进，忽然狂悦似的把天角照白了一条，好像刺开万重的黑暗，透进并逗留一些乳白的光。余光散尽，黑暗似晃动了几下，又包合起来，静静的懒懒的群星又复了原位，在秋风上微笑。地上飞着些寻求情侣的秋萤，也作着星样的游戏。

这一段如梦似幻的美文，与前文很不相称，放在这么一部京腔土语文体俚俗的小说里，也显得故作高雅。不过是性爱的场面罢了，又不是祥子梦寐以求的，何须如此粉饰美化？文中某些意象，似有性的暗示，我怀疑只是自己过分敏感，老舍明快的文字恐怕还没有那么含蓄。纯以美文而言，这一段也不怎么出色。然则老舍在性爱的处理上，可说是一位十分羞怯的小说家，比起郁达夫的“露”来，又未免太“遮”了。

——1976年6月

唱出一个新时代

——写在“现代民谣创作演唱会”之前

从前，当我们这民族还年轻，诗与歌曾经一同飞扬。诗是一个蛋，歌是一只鸟，孵出来的新雏，鲜羽夺目，妙韵悦耳，使听的人感到兴奋而年轻。我们曾经是非常音乐的民族，记忆里曾经有多少铿锵或柔婉的韵律，即使是战争，也在悲壮的歌声里进行。四面楚歌，令项羽对虞姬悲歌慷慨，而征服者刘邦，在本色流露时，竟也是会唱歌的。

不知道是不是民族老了，或是面对西洋音乐的声势失去了自信，现代的中国人似乎好久不唱歌了。尤其是近二十多年来，诗与歌已经不相绸缪，遂使这片园地，为所谓的流行歌曲蹂躏，不忍卒闻。而所谓艺术歌曲，不但退守一隅，只能寄生于音乐会上，抑且唱来唱去，老是徐志摩、赵元任等几曲旧调。一个民族，长久呼吸着半世纪前的老调，是不可思议的。

显然，年轻的一代正期待新的歌带来新的节奏，新的生命。这新的节奏既不是不协调的正宗现代声乐，更不是美国的民谣与摇滚乐。二十年来，西方的现代诗，现代小说，现代画等等传来我国，常可分两个阶段。第一个阶段是上山拜师，师父教什么，学徒就学什么。第二个阶段是下山闯江湖，师父教的已感不够用，必须因时制宜，就地取材，独树旗号。我觉得，我们的现代诗，现代小说，现代画，已经在出山了。

我们的歌呢？恐怕仍处于上山拜师的阶段吧。听说许常惠和史惟亮等音乐家收集了很多台湾民谣，以他们的才情与学养，必能善加整理，发扬，用来丰富我们的新音乐。同时，更年轻的一代，在吸收了西洋音乐与美国歌谣之后，亦有志回过头来，唱出中国的现代歌谣。去年6月，在“胡德夫民谣演唱会”上，胡德夫与杨弦等青年民歌手曾演唱我的《乡愁四韵》，很有韵味。今年他们雄心更壮，一口气竟然要唱我在《白玉苦瓜》集中的八首诗，可谓惊人之鸣，在此我要向这次“现代民谣创作演唱会”的全体同人致敬，更要感谢杨弦先生为我谱曲，刘凤学女士编舞，以及“中美文化经济协会”出面赞助。相信不久的将来，诗人与音乐家会有更壮阔的结合，以重扬大汉之心声。

——1975年5月

“中国现代民歌集”出版前言

没有歌的时代，是寂寞的。只有噪音的时代，更寂寞。要压倒噪音，安慰寂寞，唯有歌。

我在写《白玉苦瓜》集中的作品时，很少想到，那些诗有一天会变成歌，因为在我们这时代，诗大半是写来“看”的，很少是写来“听”的。青年作曲家杨弦，在看我的诗时，却听到了音乐，很是令我高兴。他不但听到了音乐，还将音乐捕了起来，让大家一同聆赏。今年6月6日，一个温柔多雨的晚上，杨弦和许多歌手琴手，在拥挤的中山堂，把两千听众带进了那音乐里，那旋律何其清丽美婉，有如参加了诗与歌的婚礼。歌魂琴魄，缭绕不绝，于今念及，犹感蜜月未远。“中国现代民歌集”中所收，除了那晚演唱的《乡愁四韵》等八首外，还有杨弦新近从《莲的联想》里挑出来谱成曲的《回旋曲》，共为九首。从诗到歌，从歌到圆纹细细的唱片，是一条不能算短的历程，令人高兴，值得一记。

——1975年8月16日夜于台北

民歌的常与变

“中国现代民歌集”，是我的九首诗经杨弦先生谱曲之后制成的一张唱片。去年9月出版以来，已经三版，令我十分高兴，为杨弦，为监制的洪健全教育文化基金会，更为了终于起步的现代民歌。

在短短的五个月内，这张唱片博得若干好评，也引起一些异议。反应这么多，是一个好现象，足见关心现代音乐的人，不在少数。评论的文章，刊在“中副”上的，前后已有两篇：即去年12月21日胡红波先生的《“民歌”不是这样》与今年1月12日吴柱国先生的《“中国现代民歌集”名称并无不当”》。胡先生认为民歌也者必须起自民间，天长地久，众口相传，人所共爱，准此，胡文指出我的诗“无须假民歌之名以自重”，而杨弦之曲“也实在找不到非称民歌不可的理由”。胡文在结论里建议“及早另外取个恰当的名字”。

吴柱国先生的文章，指出这张唱片的名称并无不当，因为“现代民歌”可以成为“民歌”之变种，不必尽符民歌之常规，同时认为胡先生对民歌正统的维护，不免拘泥。吴先生对现代民歌的支持与辩护，令我感赏。另一方面，胡先生对我和杨弦的指责，也言之有物，持之有故，令我尊重。以下拟为自己和杨弦说几句话，也算是对吴文的一点补充。

首先我要指出，诗人的作品以民歌自名，早有先例。我国乐府一词可作二解：一为汉初所立采乐集歌之官署，一为当时民歌之词曲。后之诗人慕民歌之自然亲切，往往摹拟其体，亦袭其名，号称乐府。《唐诗三百首》中，诗人所写的乐府便多达四十首，其中李白的作品如《行路难》、《将进酒》、《蜀道难》等等，无论在思想或语言上，都与天真朴实的民歌相去甚远。胡文说白居易诗老妪都解，却“不曾假民歌之名以自重”。其实白居易在《长庆集》中，以“新乐府”自称者，便有五十篇。作者更在自序中说明：“首句标其目，卒章显其志，诗三百之义也。其辞质而径，欲见之者易喻也……其体顺而肆，可以播于乐章歌曲也。”白氏所谓“新乐府”，用今日的白话来说，岂不就是“现代民歌”？白氏的“新乐府”在当时尽管传于众口，却是新做的，并非来自民间，显然不符合胡先生坚持的民歌定义。他如元稹的乐府古题与新题乐府，张籍的乐府词，刘禹锡的竹枝词等等，也都是文人写民歌的有名先例。李贺的诗，三分之一都以歌行曲引之类为题名，其中像《艾如张》、《上之回》等名都取自乐府。我们也不能说李贺假乐府之名以自重吧。

中国如此，西方亦然，英国古代的叙事民谣，所谓ballad者，大半起源于中世纪的末期，但当时的朝廷不像中国在《诗经》和乐府的时代有采乐集歌之制，要等到十七世纪才有民间人士出来加以收编。后代诗人常有拟制之作，亦径用ballad之名。降至现代，吉普林有《大兵民谣》，梅士菲尔有《咸水民谣》之歌集，也只是诗人笔下的产物，并非久传民间的俚曲。最有名的例子，应数浪漫大师华兹华斯与柯尔律治合著的《抒情民谣》（*Lyrical Ballads*），其实书中有些作品根本与民谣无关，甚至不是民谣诗体，像有名的《俯临亭腾寺有感而作》那一首，便是不折不扣的冥想诗。

六十年代的中期，美国有所谓“民歌复兴”。此地所谓的民歌包罗极广，不但有古典民谣，抒情民谣，宽边民谣，宗教民谣，还有西部歌曲，乡村歌曲和现代民歌。在美国流行音乐的世界里，许多富于社会性的抗议歌曲（protest songs）也都归于民歌之列。鲍勃·狄伦早期的作品皆称民歌，后来的作品如“地下思乡蓝调”和“像一块滚石”等，虽配了电吉他，仍有“摇滚民谣”之称。美国的现代民歌或乡村曲，往往由一人写词、谱曲、歌唱、甚至伴奏，并藉唱片与电台的推广而流行民间。这种专业化的“一脚踢”，加上企业化的间接传播，与传统民歌的定义已经大有不同。

这种差异的意义十分重大。传统的民歌是农业社会的产品，其所以口口相传，是因为识字的人少，同时更缺乏其他的传播方式。这种纯然直接的传播方式富于人性，当然是十分美好可爱的，但是进入工业社会之后，这种方式便难以保持，真是“无可奈何花落去”了。印刷术既已发达，教育既已普及，唱片与广播既已流行，又加上声色并茂的电影与电视，传统的民歌便无法发展下去了。麦克鲁恒说得好：“消息端从媒介来。”胡先生定义下的民歌，不但没有未来，甚至也很少现在了。胡先生归纳传统民歌的定义有三：一是起自民间，词句常有更改，成为集体创作，二是口头相传，年淹代远，三是流行民间，人人喜爱。工业社会的传播方式已经否定了前两个条件。像目前台湾的社会，新的民歌要口口相传来自民间，是绝无可能的。旧的民歌呢，早已被流行歌曲逼到幽暗的一角，要出动音乐家们上山下乡去探求了。用剩下的第三个条件“流行”来衡量，听众以万计的流行歌曲其实就是今日的民歌。

宋玉《对楚王问》有这么一段：“客有歌于郢中者，其始曰下里巴人，国中属而和者数千人。其为阳阿薤露，国中属而和者数百人。其为阳春白雪，国中属而和者不过数十人。引商刻羽，杂以流徵，国中属而和者不过数人而已。”以绝对数量而言，销路数千张的“中国现代民歌集”，与和者数千人的下里巴人，似乎也不相上下了。这当然只是笑谈，因为今之歌者唱起现代的下里巴人，电视机前的和者怕不有数十万人。在典型的工业社会里，听众当然更多。以凯罗·金的唱片“金碧锦”（*Tapestry*）为例，1971年初才出版，到了1972年11月，已经销了五百多万张。凯罗·金的歌曲可以说是工业时代的典型民歌。工业时代的人，对于田园的生活，古老的家乡，纯真的友情与爱情，无不深深向往，因此民歌也好，乡村曲也好，反而大为流行。现代人要听民歌，要听新的民歌，只有自己动手来写，不可能等“民间”像酿陈年老酒那样岁月悠悠地酿出一首民歌来。要知道，农业时代的一切都是慢悠悠的，可以耐心等待，进入工业时代以后，音乐，正如政治、经济，甚至于衣饰、发型一样，是快速嬗变的。古之民歌由下而上，来自民间：今之民歌则是由上而下，来自掌握唱片、电台、电视、电影的生意人与艺人，真正的现场演唱反而是次要的了。当然，古代民歌是直接的，深厚的，诚挚的，现代民歌则往往是浮浅的，做作的，因为它是间接而又间接的，不但与听众之间隔了一层大众传播的媒介，更隔了一批谋利的商人。我们可以不满意这样子的现代民歌，却无法否认它流行的方式比起口口相传的古代民歌来，更广、更频、更快。当然，现代民歌的生命短，而淘汰率高。

台湾的青年需要唱歌，唱新的歌。流行的国语歌曲大半意境庸俗，词曲油滑，加上所谓歌星的塑胶表情，颇使知识青年难以接受。外来的摇滚乐与民歌极受都市青年的欢迎，但是里面究竟在唱些什么，并非人人都能了解。有些歌曲的词颇为深奥，英文不好的青年懂固不易，唱也不便。至于艺术歌曲，像“海韵”和“教我如何不想她”等等，已经太古老，不能配合七十年代的感性。当代的作曲家似乎着意于高级的纯粹音乐，在歌的创作上并不努力，偶有佳作，也不是未经声乐训练的一般青年所能学唱。前年我和史惟亮先生为中视合作了一首叫“无字天书”的主题曲，史先生的曲谱得很豪壮、很悲凉、很有气派，歌者修养亦高，听起来，真有一股燕赵豪侠慷慨吟啸之风。那么好的艺术歌曲，聆赏起来虽然大快吾意，要学唱可不容易。前年我来中文大学，音乐系一位很有才华的学生曾叶发，把我的诗《当我死时》谱成钢琴伴奏的四部混声曲，公开演唱，很是动人。这种复杂的长曲，也不宜一般人学唱。我想，上述的三种歌并不能充分满足目前青年喜欢唱歌的要求。有一个地带，是作曲家尚未开垦的处女地。

杨弦谱的这九首歌不无知音，是因为他在这三条路之外去找新路，满足了一部分青年的一部分要求。摇滚乐迷也许会感觉这些歌太“温”，正宗民歌的爱好者也许又嫌这些歌太“洋”，当行本色的音乐家也许嫌这些歌太“浅”，可是这里面自有一番境界，为摇滚乐、中国民歌和艺术歌曲所无。也许我可以说，此三者在杨弦的曲调里，有了某种程度的综合，因而予人一种推陈出新的感觉。

“中国现代民歌集”这张唱片，要说有谁对它未尽满意，其中必然包括杨弦和我。我自认歌词在现实的探讨上不够广阔，缺乏充分的代表性，也就是说，题材显有所偏，未能说出此时此地的青年最重要最强烈的感受。白真先生在《民歌手的梦》（刊去年11月份的《书评书目》）一文中的评语说得很对："它不能算是唱出了这一代所有年轻人心底的话，更不能说唱出现代中国人（尤其是非知识分子）的那份'期待'。但它毕竟是实现了知识青年许多个梦中的一个梦。"

有一些朋友听了这张唱片之后，认为它有点洋味，显然颇受摇滚乐的影响。这一点当然无可否认。摇滚乐在我国青年之间，久已拥有大量听众。摇滚乐的歌词有时颇富社会性，与西方青年之所感所思有密切的关系，而其慷慨明快的乐曲，也满足了现代生活的节奏感。台湾的青年一方面当然是中国的青年，另一方面也是现代的青年，对于歌唱现代生活的激昂节拍自然是喜欢的。这种现象，未可全然嗤为"崇洋"。就像杨子先生，典型的中国读书人，竟也自认是一位十足的摇滚乐迷，谁又能讥他为"崇洋"呢？如果我们拿不出活泼生动的现代歌曲来取代摇滚乐，就不能怪自己的青年只听洋歌。

摇滚乐的活力，如能加以消化，吸收，妥善运用，当能丰富中国现代音乐的生命，并且把喜欢摇滚乐的广大青年渐渐引回中国，引回台湾的现实，台北的街巷，屏东的阡阡陌陌。我国古时的乐府，也有鼓吹曲、横吹曲等外域输入的胡乐。台湾的现代诗，现代画，现代小说，在发轫之初也不免有西化的现象，但经过十多年的试误与修正，不但渐趋成熟，而且归化中国了。这条路，现代民歌，我们的新乐府，未始不可一试。“中国现代民歌集”只跨出了这么一小步，相信后继之人，必将超越杨弦与我。

——1976年1月4日

山中十日，世上千年

1974年的复兴文艺营，意义深长，风格清新，是一项革命性的创举。救国团的辅导，驻营作家的鼓舞，和一百位大学生的自发自律，踊跃参与，使这项创举得以顺利进行，圆满结束，收获可谓相当丰盈。

成功的条件是多方面的。首先，为了力矫西化的观念，我们把小说、散文、戏剧、诗四组分别命名为曹雪芹组、韩愈组、关汉卿组和李白组；前三组的指导老师分别聘请朱西宁，萧白和金开鑫三位先生担任，李白组则由我自兼。四组鲜明而富个性的形象，暗寓复兴传统的期许，给学生的鼓舞很大。

复兴文艺营的营副主任，由救国团总团部学校组副组长王伯音先生担任。王先生由于青年自强活动期间，尚须照顾其他活动，第二天便匆匆离营北返，实际的营务，乃偏劳秘书叶荫先生。今年的文艺营，在叶秘书和曾西霸、林韵梅、宫能鑫、罗富雄、林富商等服务员的照料下，不但达到了高度的行政效率，更和学员们交融无间，打成了一片。痖弦先生因为台北事忙，未能亲自驻营，但是对于今年的文艺营，曾经多方策划，提供了不少新观念。加上救国团的开明作风，种种新构想乃得实现。

往年的营址都设在台北地区，今年迁往远离台北的雾社，也令爱好文艺的青年感觉一新。雾社四围山色，一泓湖光，不但风景绝佳，而且镇小人稀，游客亦少，海拔三千七百六十英尺，气候也远比平地凉爽，早晚甚至要加毛衣。上得山来，即使是俗人也不免沾上三分仙气。何况雾社正是四十多年前山胞抗日之地，于今烈士碑前，英雄坊下，悲壮的记忆犹在山风松涛中萦回不去。登高怀古，追抚泰耶鲁的忠魂，正可提供最佳的写作题材。营部设在农校之中，地主李少白校长于殷勤接待之余，更为全营学员演讲一次，把山胞抗暴的壮举，前因后果，群述一遍。就地取材，而题材又深具意义，更刺激了青年创作的灵感。

李校长二十多年高居仙境，却仍富人情，好客不下孟尝君。只是今之孟尝性嗜摄影，为全营的活动留下无数可贵的镜头。推开他的后门，迷人的碧湖尽在望中，脉脉的波光，冷冷的水气，使人不得不停下来，坐下来，好好地想一想。每天清晨，在变幻无定的白雾中，我总爱和三位老师坐在李校长后院的石椅上，居高临下，徐徐呼吸碧湖之美。女生也来。男生则爬上树去，攀折幽香的玉兰花。李白组的学员为这一潭绿水写了好些诗。我也写了一首，题名就叫《碧湖》，诗中所谓“碧湖山庄的主人”，就是指李校长。入山十日，也算有诗为证了。

文艺营每天的活动，从七点钟的升旗开始。然后是晨读。然后是早餐。上午是两小时全营合上的大班课，由四位老师轮流讲授自己本行的发展概论。大班课原则上是“学术性”的，尽管学员正襟危坐，凝神聆听，他们真正期待的，还是下午三小时的分组讨论。雾社风景既美，亭台自多，峰回路转，往往一亭翼然，招人憩息。四组的学员簇拥着自己的“师父”，各觅一亭，或倚红柱，或坐石阶，便开始讨论起来。例如李白组吧，今天下午讨论的主题是什么？是郑愁予的诗。指定的八首都念了。好吧，那就一首首来，先看《水手刀》吧。于是我便开始讲解，先讲表面的大意，然后一层层向深处探讨，主题、背景、结构、语言、意象、节奏等等，一一评述，但是总故意留下某些漏洞，等待同学自己来解决。常常遇到歧义四出的字句，我总是遍询同学的意见，鼓励他们表达自己的看法。当然，众说纷纭之余，我也免不了要有所取舍，下一个结论。起初，学员们仍然保持着平日上课的习惯，迟疑观望，不敢轻易发言。后来经我再三强调，文艺营的目的，不在学术，而在创造，不在培养学者，而在诱导作家，部分学员才主动发言，有时是补充，有时甚至是修正我的意见。有时学员彼此之间也会争辩起来。到了这种程度，分组讨论的气氛就生动多了。最后，看得出来，即使还不曾发言的学员，至少也有了广纳众见的机会，或许在“旁听”的过程之中，已经纠正了自己的谬见或加强了自己的信念，所以实际上也等于“参与”过了。

晚上七点半到十点半，是实际写作的时间。这时冷雾渐起，各组回到自己的教室，团团坐定，所有的笔都忙碌了起来。老师坐在那里，当然也不是闲着，因为不久，一定会有准作家把刚完成的作品拿来给你看。你看了一遍，再看一遍，免不了要批评一番，这当然要一点真功夫。不过真正的功夫，还是在修改和润饰。你说，这里这个形容词不精确，那里那个动词太软弱，好吧，那你想一个好的来代替嘛。你说，整篇的结构太松懈，是吗？那你来扭扭紧试试看。你一出手，总得使准作家口服心服。做“师父’，本领就在这儿。因为今年的文艺营里，潜力富厚的青年作者至少有一打半，这些可造之材，假以时日，必能有所表现。例如关汉卿组的林清玄，开朗而有活力，在联合副刊已经发表了好些散文，不能视为纯然的准作家了。朱西宁先生与萧白先生在各自的组里，都续有惊喜的发现，认为上山之行不虚。李白组二十多人之中，有四五位在自己的校刊上已经发表了不少作品，才气显然可见。例如林文彦、林兴华、曾忠信几位，只要继续努力，当不致寂寂无闻。刘志聪初次试笔，居然不差，颇得叶珊笔意。外组来投稿的，以李利国、陈膺文最有前途：前者已臻稳境，后者下笔有理趣，但应“提防”罗青的影响。一般说来，今年文艺营的素质甚高，高手之外，尚多解人。我怀疑自己在二十岁时，能不能跟他们相比。

例外一点的是关汉卿组。短短十天，要写戏剧，是不可能的，何况该组不少学员，原来志在表演，而不在写作。因此他们在金开鑫先生的指导下，就雾社抗日事件，编排了一幕戏，在惜别晚会上盛大演出，很是生动。

从七月二日到十二日，今年的文艺营只有十天。时间虽短，活动却多，各组间竞争也很剧烈。文的，比赛出版组刊，制组旗，唱组歌。武的，比赛篮球。我知道李白组一共出了四期迷你诗刊，佳作不少；我也写了一首投去，很荣幸，被刊了出来。四面组旗，机心竞起，各具意趣。李白组的锦旗，由林兴华设计，作诗人探手捞月之状。我说，捞月之传说不够进取，为何不改成“欲上青天揽明月”？李白组，不，李白说，“那不简单？”把旌旗一倒过来，手掌向上，捞月便成了揽月了。李白组的组歌，则是张澄月编曲，林文彦教唱。至于赛球，举行了两场，结果是韩愈败于曹雪芹，李白败于关汉卿。萧白先生戏谓：“毕竟曹雪芹和关汉卿年轻了几百岁啊！”

十天的文艺营，第一天的晚会叫做“相见欢”，惜别的晚会叫“如梦令”，都是词牌。“如梦令”的节目非常丰富，不及一一细说。会后，各组更分别夜游话别，依依不舍，多情的哭了好几位。我领了李白组，沿着无月无灯的小径，摸上山去，一路说鬼疑鬼，笑谑之间夹杂着恐惧，最后惊动了山顶的守亭人，出来呵斥我们这一群“不良少年”。败兴之余，众多“不良少年”随一位“不良中年”狼狈下山，铩羽而归。

啊啊守亭人，你错了。他们都是最纯真最可爱的青年。我爱他们，每一个人。下山以后，我常常想念他们，相信他们也想念我，也想念朱西宁、萧白、金开鑫……还有那一潭水，和四围的山，和山上的水蜜桃和李子。

临别上车，李白组把组旗献给我，笑说：“李白，我们把月亮送给你。”我接过旗，也笑笑说：“那我把月光送给你们。”我在他们的留言簿上写道：

身在台北，心在碧湖。

山中十日，世上千年。

——1974年8月出国前夕追记

第三辑 ——

从天真到自觉

——我们需要什么样的诗?

1964年3月29日，香港中国笔会为庆祝二十周年纪念，举办了一个文艺座谈会。会长罗香林先生邀我主讲“二十年来台湾地区的文学”。这个时期号称“二十年”，取其整数，实际上约为二十五年。我在演说稿里把它又分成四个时期，就是天真时期（1938年~1943年），转型时期（1943年~1948年），西化时期（1948年~1960年），自觉时期（1960年迄今）。大致说来，“天真时期”只是大陆时代的延长，人在海岛，心在大陆，写的大半是另一时空的经验或幻想，主题天真，技巧简易。“转型时期”是大陆时代的过渡，一方面是大陆来台的年轻一代在文坛渐露头角，一方面是本省作家渐渐进入中文写作的情况。主题渐渐丰富了起来，反刍大陆经验之作与表现台湾环境之作都有人尝试。西方现代文学的译介开始吸引年轻作家，并提供了不少新的技巧。夏济安主编的《文学杂志》，正是这一时期的代表刊物。“西化时期”这名字也许太武断了，因为这十二年间的代表作之中，亦正不乏民族精神，乡土风格，或是古典韵味。但是无可讳言，这个时期勇于尝新的许多作家，莫不或多或少接受国际间流行的现代主义的影响，小说走意识流，诗走超现实的路子，至于价值观念、生活态度，更是往往跟着西方走，超时空地嗟叹工业文明的堕落。仔细分析之下，我们当可发现，在此时期，未趋西化甚至力拒西化的作家，仍多于趋附西化的一群，只是非西化或反西化的力量是分散的，各别的，西化的“少数党”却力量集中，旗号分明，乃予人以声势浩大的幻觉。“自觉时期”实际上并不始于六十年代。对于少数先知先觉的作家来说，早在六十年代的末期甚至中期，它就已经开始了。对于大多数的作家，却必须等到我们退出联合国而尼克松出现在长城之上，才矍然惊觉，此时此地，我们必须肯定自己的立场，维护自己的价值，而无论在政治上或文化上追逐国际的“潮流”，遂都显得迂阔无当了。政治背景如此，文学的气候自然也起了巨变。民族、社会、乡土、现实，这些主题，在六十年代曾受人冷落甚至否定，到了“自觉时期”乃纷纷抬头，成为批评家鞭策作家的口号。

口号只能代表社会或批评家主观的愿望，如果作家不响应，或者有心响应而才力不足，经验不备，仍然于事无补，我有一次戏谓：真正威胁作家的，不是批评家，而是一位更好的新作家。批评家充其量只能贬低作家的声誉，但是无法取而代之；一定要有一位新作家出现，把同一题材处理得更好、更新，甚或创造出一个崭新的题材，才会迫使旧的作家“过时”，而成为新题材甚至新时代的代言人。不久以前，一位旅加的数学教授回到台北，以现代诗欠缺民族性与社会感责备现代诗人，很写了几篇文章，他自己虽然也写诗，可惜诗才平平，无力以身作则，所以他的批评虽也引起了一场嚣闹，却不能导致真正的革命。他的口号仍然是一句口号。只有等吴晟这样的作者出现，乡土诗才算有了明确的面目。唐文标流了血，但是没有革命，吴晟的革命却无须流血。批评和创作的不同在此。

主观要求与客观的成就之间，往往颇有距离，有时甚至是背道而驰。几乎在所有的国家，官方希望作家写什么，和作家想写什么能写什么之间，总是有冲突的。莫斯科不欢迎索尔仁尼琴那样的作家，俄国偏偏出现了索尔仁尼琴。何其芳、卞之琳、艾青、郭沫若等等的后期作品，往往生硬勉强，便是客观条件被迫迁就主观要求的结果。另一方面，一位作家真想动笔写实的话，他就会面对许多现实的问题。任何社会都不免有些病态，任何现实都不免有些缺陷，要写实，就不能不多少触及。于是官方的瓶颈在前，批评家的压力在后，作家的处境是值得我们同情的。

因此我认为，像“我们需要什么样的诗”这类的问题，不应由官方提出，最好也不由批评家提出，而应该由诗人反躬自问，问自己应该写什么，该怎么写。

近十年来，我个人写诗的方向，于民族、社会、现实三者，比较强调民族感与现实感。早在六十年代中期，这倾向在我的作品里，已经有明确的流露。相信终我之身，这方向是历久不移的。尽管如此，我仍认为“多般性”是比较健康的艺术形态，因此不但在自己的作品里追求主题的变化，更希望众多诗人在主题上能拓宽视域，为中国诗征服新的疆土。一位诗人的才气并不限于驾驭文字，处理意象，或安排节奏，因为在诗中引进一个新的题材，也是一种独创，需要相当才识的。譬如在罗青出现以前，有些题材曾是现代诗的大忌，根本入不得诗的；罗青之后，那些题材就很自然了。今年五月号的香港《诗风》月刊上，翱翱发表的一首《中庸食谱》，用罗青笔法处理家常题材，高妙自然，似乎把罗青型的题材又推进了一步，可谓现代诗唱和的佳作。

强调民族感和社会性，应该适可而止，不必鞭策所有诗人，务使人人如此，篇篇如彼，定于一尊。诗中天地不可限量，唐诗之盛，如果减去王维、孟浩然、李贺、李商隐等人，仍将大为逊色。我不主张现代诗“过分”强调这两点，有下列各种原因：第一，如果此点铺张过分，就很可能划地自囿，限制了现代诗自由开拓的活力。文坛原多一窝蜂的现象，一种题材，真正探讨有力的作家，也不过那么三五位，其他从龙附骥之辈，除了可壮声势之外，其实于事何补？何况忧国忧民之作，往往只能期之中岁以后感慨渐深的诗人，这类主题，恐非一般青年诗人所易把握。与其感性不到，经验未圆，而强用知性去追求，不如自然些，去处理较有把握的题材吧。

第二，过分强调民族与社会的现实，分寸一失，艺术与宣传的界限难分，官方便容易挟“健康写实”以临作家，而一般作家为求自保，难免处处设防，务使作品停留在透明浅显的层次，不敢多所发挥。同时，批评家也就容易执此一端而忽略其余，只认可有骨无肉的粗疏之作，而把艺术上的苦心贬为形式主义。自由作家之于三十年代，三十年代作家之于今日之大陆，都曾经饱尝这种“意识鉴定”之苦，我们又何必去重讨苦吃?

第三，一篇作品的时代性，是难以鉴定的。轰动一时的大新闻、大事件，记之于诗，可能较易引人注意，因而也传诵一时。可是读者的兴趣，往往也是附属的，带一点“有诗为证”的意味，等到事过境迁，曲终人散，那种附带的兴趣也每每烟消云散，于是那首诗只成了历史的一个小注脚，如果所记不实，恐怕连做注脚也不够格吧。这时，赤裸裸的这首诗，只有靠本身内在的价值，去面对时间的考验了。白居易以为“文章合为时而著，歌诗合为事而作”，这种载道的文学观，固然洋溢着盛世的乐观精神，但也局限了文学的视域，忽略了文学的弹性。问题在“事”字如何解释；如果那只是指“时事”、“事件”、“国计民生”而言，就未免太浅近了一点，如果把它解释为“人间事”、“值得关心的事”、“永恒而普遍的事”，那就更具弹性，成为广义，当可为各家各派诗人所接受。在许多情况下，最富于“时代性”的作品，往往最容易“过时”。英文有topical一字，训为“富于当代或当地的意味”，在文学批评上，往往不是一个肯定的断语。

李白的《长干行》和崔灏的《长干行》，既不忧国忧民，也无多少社会动态，但是比起杜甫或白居易的热血之作，并不减其亲切感人，历久弥新。古诗十九首于汉代之事并无陈述，济慈于法国大革命，狄金森于南北战争，亦殊少触及，似皆无妨其艺术价值。一般宫廷文人的应时之作可以不论，即使高明如奥登与麦克利希的咏时之作，百年之后恐怕也会失去光彩，不再动人。咏时即事之作，当然不一定受制于“折旧率”，成为明日黄花。一件国家大事，一个社会现象，一个节日，如果未经想象力和观察力的贯串，使它成为有感情有感性的东西，那就只能留停在知识的层次，沦为一堆浮光掠影不知所云的门面语，充其量只是一篇修辞的练习吧。同样的题材，到了真正诗人的笔下，直陈变成暗示，殊柞接通共相，新闻反衬历史，偶然汇入常态，当能拨开表面的现象而探攫内在的意义。时代性的题材能接通永恒的真理，既有迫切的时代感，又具持久的普遍性，那样的作品才能垂之永远，不随应时应景之作变成“文字垃圾”。

一面是白居易所谓的“歌诗合为事而作”，另一面是爱默森宣称的“美，便是它自身存在的理由”（Beauty is its own excuse of being）[1]诗人究竟何去何从？这个问题可以分几个层次来答复：第一，诗人背景不同，才情各异，让每人自由创作，发挥所长，无论于自己于文坛，当最为有利。反之，要李清照写“醉里挑灯看剑，梦回吹角连营”，或是要济慈写斯考德式的慷慨军歌，岂非误用天才？第二，在载道与唯美之间，尽有天地任诗人回旋，不必执着一端。叶庆炳先生指出，两者之间尚有言志的一派，屈原、曹植、陶潜，皆在其列，名单是极其辉煌的[2]。实际上，这其间除了言志之外，尚有许多胜境可探。带一点禅意的哲理诗，轻盈饱满的诙谐诗，歌叹造化的自然诗，品茶饮酒闲话桑麻的家常诗，甚至于气吞江湖的武侠诗，笔惊鬼神的史诗，和音乐结婚的歌，越界侵略小说及戏剧的叙事诗及诗剧等等，不都是有待我们开发的海埔新生地吗？第三，尽管如此，一位敏感的诗人，处今日非常之变局，而竟不闻不问，不怒不惊，乃至孤灯小楼，一仍唯美是务，也就未免太自私了。我认为，诗人处此之境，无论是直接或间接，高亢或低回，都应该对自己的国家表示关切和赤忱了。诗人固然不必，也不可能篇篇爱国，但是赋诗千首，竟无一篇忧时感世，也是难以自解的。我们不能期望诗人皆为斗士、勇士、志士，但是诗坛之上，如果举目多为高士、逸士、隐士、曲士，甚至于狂士，那就未免轻重

---

① 见爱默森The Rhodora一诗。

② 见1975年6月份《中外文学》叶庆炳著：《文章合为时而著，歌诗合为事而作》。

倒置，成为病态，值得诗坛好好自省。无论如何，支撑中国诗道传统的，仍是儒家精神的志士胸襟与仁者的心肠。李白令我们兴奋，王维令我们安详，李商隐令我们着迷，陶潜令我们钦羡，但真正令我们感动的，是杜甫，因为他才是人间世的，他毫无保留地交出了自己。现代诗发展到现在，近似韩愈、李商隐、杜牧、李贺、孟郊、贾岛，甚至卢仝、马异式的作者都出现过，但我们真正期待的，是盛唐人物，尤其是杜甫。另一方面，让我们看看我们不需要哪些诗吧。首先，假古典风仍颇流行：这一类的作品无论在题材上、观念上，或语言上，都与现实生活过分脱节，给人一种仿古赝品的感觉。如果作者于古典的修养不够火候，则辞藻、句法、声调等等，必然生硬牵强，不能做到圆融浑成的境地。至于此道真正的高手，在重现、重组古典意境之余，常能接通那么一点现代感或现实感，不让古典停留在绝缘的平面。这种手法，是效颦者应该注意的。

其次，超现实的余风在一些后知后觉之间，仍然在吹着，当然风力已经减小得多。在这种作品里，意象仍然淹没主题，不成焦点，语言仍然支离破碎，不成段落，文言与白话夹缠，抽象与具象格格不入。先驱者的梦境，往往还有一种疑真疑幻的惊异感，形象生动，咄咄逼人，到了效颦者手里，由于语言稚拙，意象流产，往往只有混沌，并无惊奇。超现实与古典，都需要高手始能为功，没有把握的作者还不如实事求是，写一点实实在在的东西。

当然，实实在在的东西也不好写，也许还更难写。眼前景，身边事，天天如此，处理起来却不简单。高手娓娓道来，自然亲切，说到妙处，更能化腐朽为神奇，咫尺之间，捕得无限。这种诗的张力遍布全局，并不以片言断句驰骋才气。不幸到了生手笔底，妙语警句固然少见，通篇看来，似乎也无贯串全局的匠心妙谛，落得一个始于平庸亦终于平庸的地步。这一类不痛不痒的作品，说它是“散文化”吧，仍嫌辱没了散文，因为即使我们以散文相看，其中的文句也难称够格的散文。我们颇有一些生手，散文之笔尚未握稳，已经鄙视散文，而贸贸然要飞向诗的领空去了。“好诗的第一个最起码的要求，便是具有好散文的美德。无论你审视什么时代的坏诗，都会发现其中绝大部分都欠缺散文的美德。”艾略特在《十八世纪的诗》[①]一文中说过的这一番话，值得诗坛新人细细玩味。我还有这么一个理论：如是台湾的现代诗在语言上发生了毛病，则散文水准的普遍低落要负颇大的责任。散文家们也许认为我在袒护诗，其实我不是。以后当另文专论此事。

小而诗坛，大而文坛，都有不少困局待解。例如在目前，我们几乎没有一本杂志在创作上具有突破的活力。报纸的副刊呢，文学性日益减低，诗几已绝迹。在目前的低潮中，问题不是“我们需要

① 本名Johnson's “London” and “The Vanity of Human Wishes”，发表于1930年。后收入1933年牛津版的English Critical Essays, Twentieth Century。现名Poetry in the Eighteenth Century，收入The Pelican Guide to English Literature之第四册。

什么样的诗”，而是“我们要不要诗”。

答案是肯定的。我们要诗。只要是来自生命来自活语言的诗，都为我们所热切需要，尤其是表现七十年代新经验的作品。

——1975年7月

谁来晚餐?

翻开各国文学史，最先出现的往往是诗人。如果用三餐的次序来喻文学史，则诗人所享，该是早餐，然后是散文家的午餐，最后，才是小说家的晚餐。戏剧家比较不一致：在西方，他吃的也是早餐，在中国，他却是晚宴座上客。

到了现代，情形就变了。诗求精粹，往深里走，常常幻觉是已经深了，其实是窄了。传统还给了古典，故事还给了小说，政治还给了宣传，日常生活还给了散文……剩下来的东西据说就是纯诗，像华莱士·史蒂文斯那样的诗。餐桌上，已少诗人的座位。

以台湾二十多年来的文坛为例。最早的几年餐桌上大半是散文家。到了午餐，便换了小说家。总之，还没有轮到诗人。现在的问题是：谁来晚餐？戏剧家吗？恐怕不可能。诗人呢？也许是的。近几年来出现的青年诗人，论质论量，都显示现代诗潜力之深厚。像温瑞安、方娥真、罗智成、施至隆这样早熟的青年诗人，放眼一看，居然有好多位。前行代的诗人已为他们披荆斩棘，开出一条路来，这是他们的幸运，也是他们的障碍。十年之后，如果他们能挣脱前辈的影响卓然自立，则未来的晚餐桌上，可能都是诗人的席位，一半属于前行代，一半属于目前的新生代。

不少论者动不动就说“五四”以来以新诗成就最差，这是不公平的。以语言而论，“五四”时代的散文和小说，表面上尽管西化，多少总还可以继承明清小说里的白话。新诗则不然，从古典诗跳到新诗，中间几乎没有过渡，几乎没有一块踏脚石，可以说是说变就变的。新诗人面对的挑战，比散文和小说的作者，是大得多了。困难愈大的工作，往往成就也愈大。

现代诗和现代小说，是台湾现代文学并驾齐驱的双驹，现代诗起步较早，但两者似乎谁也不欠谁的。至于现代散文，则是现代诗一手带大的小弟弟。这件事，十三年前我在《剪掉散文的辫子》一文中早已预言，今日眼见已成事实。看看“人间”、“联副”、“华副”、《幼狮文艺》等刊物上的散文吧，有几篇是能够免于现代诗影响的呢？目前的情形是：现代诗人之中，不少能写一手漂亮的散文，但是散文家中，有几位能写像样的现代诗呢？无论如何，诗人笔下最好的散文，比散文家笔下最好的诗，毕竟是要高出许多。我说这番话，用意不在低贬散文家，只在说明诗比散文难工。然则诗的成就最低之说，是没有根据的。

十五年前，典型的现代诗人是一个半生不熟的文艺青年，惹人生气如一粒青春痘。十五年后，现代诗人已经成熟得多，对传统文化和西方文学的态度已经修正不少，在学术界的地位也已大大提高。无论国内或海外，在大学里任教或研究所深造的现代诗人日渐增多，支持现代诗的学者也为数不少。学府中的优势当然不能保证现代诗在创作上日趋进步，但至少表示现代诗人在学识程度和批评水准上已经提高。十五年前率尔操觚的理论和批评，在今日的水准下，已经难于为人接受。眼光高了，视域宽了，场面大了，恶诋固然毁不了已经建立的声誉，滥情与不学的溢美之词也不易取信于人。对现代诗坛来说，真正“学院派”的形成，是健康的。作家的名气固然由读者造成，但作家的地位却必经学界认可。现代诗人既已渐渐“渗透”学界，迟早将会取得批评上的优势。同时，现代诗的读者也在增加。然则未来的晚餐，果为诗人而设乎？

“我的晚餐也许会延迟，可是餐厅将灯火辉煌，宾客虽少，却都不凡。”十六年前，在《钟乳石》的后记里，我曾引英国诗人兰道的这一句豪语来激励现代诗的同人。十六年后，我的看法已有改变。诗人的晚餐也许仍要延迟，但宾客却无须冷落。

近年国际形势大变，普罗文学的理论正由少数海外学人之辈辗转输入台湾的文坛，发为文章，不但对于台湾的现代文艺百般嘲弄，甚至偏激到竟然建议要取消师范大学和工技大学以外的一切大学教育。中国大陆上正在大力压抑知识分子，而在台湾，竟也有极少数的作家受了普罗文学意识的影响，常在无意之间表现出一种“反知主义”的倾向，这是十分可悲的。总括他们的态度，不外下列的两端：第一，知识分子只是一小撮人，比起劳动大众来，算不了什么。第二，知识分子不直接参加生产，只知胡思乱想，毫无实用价值，因此面对劳动大众，只有自卑的份。结论是：知识分子写的作品或为知识分子而写的作品，是封建社会士大夫的遗毒，应该扬弃。弦外之音，似乎文学应走工农兵的路线。

近年台湾的教育十分普及，九年国民义务教育的结果，人人都是初中毕业生，也就是说，起码的知识分子了。即使高中和大专的毕业生，加上全国的教师，数量之大，也岂止“一小撮人”，何况近年军公人员在知识水准上也大大提高，商人之中更吸收了许多优秀的知识分子，知识分子不但人数众多，而且和各行各业之间并无明确的分界。今日台湾的知识分子只是教育的标准，不是职业的分类。军人、公务员、商人，甚至部分的工人和农民，都不能称为“非知识分子”。

“劳工神圣”，是一个伟大的观念。但不能因为歌颂劳力，就有理由低贬劳心。一件大工程固然有赖千万人的劳力，但全盘的设计却需要劳心，而工人操作所用的机器更是劳心配合劳力的成果。只要有益于国家的建设和社会的维系，劳心和劳力是同样重要的。从前的社会低贬了劳力，固然不对，但一个低贬知识分子的社会，也是不健康的。

某作家在文章里说过这么一句话：如果诗人体会到渔火是渔民劳动的现象时，他就不会说渔火是美景了。这种观念实在太狭隘，一旦遍被接受，世上殆无事可以入诗。准此，则横贯公路的景色何忍欣赏，因为那是荣民劳动的成果。吃一只凤梨的快乐也不是绝对的，因为那蜜汁里有果农的血汗。咏叹婴孩的可爱是没有心肝的，因为你忘了他妈妈多辛苦。这样一路想下去，恐怕除了诉苦哭穷或者咬牙切齿之外，就再也无处可以落笔了。

劳力的人值得同情，劳心的人何尝不值得同情？渔夫辛苦，小学教员难道不辛苦吗？果农辛苦，画一幅果园的画家难道不辛苦？一位作家用他的心血培养出一篇作品来，再用那作品换取一点可怜的稿费，这样的劳心，视劳力又有何愧？工农的生活应加改善，工农的生活应该成为文学的题材，这是天经地义，但不能因为如此，作家就没有权利处理自己熟悉的生活。

说台湾的现代诗只是一小撮人在象牙塔里吟风弄月，是不负责任的话。早在1957年，彭邦桢和墨人合编的《中国诗选》里，便已有一位工人出身的诗人吹黑明。第二届中国现代诗奖得奖入之一的吴晟，则不折不扣是农民出身。至于写诗而成名的军人，更在一打以上。台湾的教育这么普及下去，迟早人人成为知识分子。我们乐于展望，工农兵出身的作家愈来愈多，不但如此，希望渔民、盐民、商人、公务员等等也能产生他们自己的作家，做他们那一行的代言人。台湾的大专联考虽未臻于理想，但是绝无阶级和职业的歧视，工、农、兵、商和公务人员的子女，都可以凭自己的学识进入大学。（在中国大陆，知识分子的子女不能进大学。工农兵的子女可以，但是不能自选科系，高级干部的子女不但可进大学，还可自选科系。这是《尹县长》的作者陈若曦告诉我的。）希望在教育的均等机会和文坛的开放门户之下，台湾能培养“工农兵商公教”的全民文学，而不仅仅是狭义的“工农兵”文学。

少数作家在自卑复自虐的心理下，处处低贬知识分子，责备他们自私自利，不肯为“广大的人民”服务。这种自命进步的普罗文学观，其实是已经落伍的时髦，至少在台湾是不现实的。因为在台湾，人人得为大学生，改行也颇自由，知识分子并非固定的阶级。在某些国家，连妓女都振振有辞，敢于站出来维护自己的权利。不知道为什么有些知识分子，终日自惭形秽，找不到自己存在的理由，还要别的知识分子陪他们一同自卑？

在自由而健康的社会里，知识分子不比别人高贵，但也不比别人卑微。快乐的社会，有赖于各行各业的分工合作，友好团结，而不是阶级对立，互相敌视。只有在这样的心理上，所谓大众文艺才能成为一条大道。这一点非常重要。这一点不能解决，诗人是不可能坐下来晚餐的，不，谁也不能！

——1976年7月12日

想象之真

前言：1976年8月23日至28日，国际笔会第四十一届大会，由英国笔会主办，在伦敦召开。本届大会的论题为“想象之真”（The Truth of Imagination），典出英国浪漫诗人济慈1817年11月22日致友人班杰明·贝礼的书简：“我所能把握的，只有心中感情的圣洁和想象的真实——想象据以为美者，定必为真。”济慈于诗虽无长篇宏论，但在书简之中论及诗艺，只字片语，辄多真知灼见，为后之诗评家所珍，以为济慈的诗识，寓繁于简，并不逊于柯立基与雪莱。文艺创作不脱想象，英国笔会拈出“想象之真”一语为各国作家之论题，当有激发论辩的用意。

光中忝为台北笔会七位代表之一，8月初由香港独自启程，先在美国作半月之游，再由纽约直飞伦敦，与其他六代表会合。

本届大会各国作家所发表的论文与演说，分为诗、小说、戏剧、电影等四组，依次举行。除诗组外，在大会上致词的各国作家之中最引人注目者，应推英国诗人也是英国笔会会长的史班德

（Stephen Spender），匈牙利作家柯斯特勒（Arthur Koestler），英国小说家也是国际笔会会长的普礼契特（V. S. Pritchett），英国小说家墨儿达克（Iris Murdoch），和美国批评家宋妲格（Susan Sontag）。无论在组织上和活动上，国际笔会一向是白种人的天下，今年林语堂先生逝世之后，国际笔会的十四位副会长已是清一色的西方作家。本届大会发表论文的东方作家，只有熊式一先生和我两位，日、韩等国的作家都未发言。

诗组讨论会在第一天下午举行，由史班德主持，发表演说者七人，除笔者以外，为英国桂冠诗人贝吉曼（Sir John Betjeman），美国诗人罗威尔（Robert Lowell），美国女诗人鲁凯瑟（Muriel Rukeyser），匈牙利诗人伊利耶（Gyula Illyes），法国诗人克朗西耶（Georges Emmanuel Clancier），希腊诗人库佐凯拉司（Jean Coutsocheras）。贝吉曼年已古稀，8月28日即为其七十大寿，那天他推说眼疾不便，只朗诵了自己的一首小诗*Tea Shop*，便退席了。史班德在罗威尔致词之后，也曾就“想象之真”的论题发了一番议论。因此在台上发言者实为八人。八人讲毕，自听众席上起立发言者极为踊跃，但经主席允许得握麦克风者，不过四人。史班德主持讨论会，执法甚严，规定台上演说者不得超过十分钟，台下发言者限五分钟。我的论文如果全部宣读，近半小时，好在事先已将要点勾出，因此当时读来，恰为十分钟。

8月27日在伦敦出版的《新政治家》（*New Statesman*）周刊，

发表了巴恩斯的《笔的力量》（*Julian Barnes: The Power of the PEN*）一文，对本届的大会颇多评论。涉及我的一段是："诗的演讲会讨论的是济慈的'想象之真'一词，讲者的作风形形色色：罗威尔的讲词是深思苦虑，鲁凯瑟的是温暖而流畅的狂想，半为庆幸，半为悲哀，余光中的则是神秘难解的隐喻（'诗人乃是走私高手，总能过关脱身'；'诗是为厨房里那位脏女孩而挥动的那枝脆弱的魔杖'）。"

在撰写下面这篇短论时，我曾忖度，像国际笔会这种场合，台下的听众该是作家多于学者，而真能吸引他们的，该是生动的意象，不是繁琐的分析，也就是说，在众多作家的面前，你应该表明自己是一位当行本色的创造者，而不仅是一位穿针引线的论述者。因此在文中我用了不少譬喻来形容想象在诗中的功用。《新政治家》的作者大概仅凭听讲印象匆匆落笔，乃称我的隐喻"神秘解难"（inscrutable），未免断章取义。以下特将这篇讲稿改用中文写出，让中文读者看看，我的譬喻是否晦涩不明，一笑。中文自成章法，并非英文原稿的逐句翻译，好在同出一心，也无须拘谨过甚了。

后人常爱设想，如果济慈不是英年夭亡，他的成就该未可限量。也许他会超越少年时代对感官经验的迷恋，进而展示知性的深度。也许他对丁尼生、爱伦·坡，甚至法国象征派的诗人会有更博大、更微妙的影响。也许他会抛弃希腊神话的那一套道具，用他"神来的妙手”（magic hand of chance）去把握法国大革命和工业革命之类的惨淡现实。济慈生前确也写过几首像《赋于李衡先生出狱之日》一类的诗，但毕竟是例外之作，而前述之诗也天真过分，几与政治无涉：

他遨游斯宾塞的堂上和林间，
采摘魔幻的花朵；他伴随
无畏的弥尔顿飞越天上的田园：
他真纯的天才欣然高飞
向自己的天地……

尽管如此，年轻的济慈自己也明白，在臻于成熟之前，还有漫漫的长途要走。他在一封信中说：“少年的想象是健康的，成人的成熟想象也是健康的，但是两者之间却隔着一段人生，在这段时期，灵魂恒在骚动，性格不稳，生活方式无定，前途渺茫：乃有感伤之情。”他又曾说：“诗要惊人，有赖美妙的放纵，而不赖怪诞。”这样的区分，岂非创造的想象与无聊的幻想之别？我想济慈“美妙的放纵”（fine excess）一词，也许是从莎士比亚的“美妙的疯狂”（fine frenzy）得来的灵感。《仲夏夜之梦》第五幕第一景，雅典公爵席退思这么说：

诗人之眸，在美妙的疯狂中旋转，
天堂到人间只一瞬，人间到天堂，
待想象栩栩地勾出了
奇异的物象，诗人之笔
便赋之以形体，给空幻的虚无
一个固定的场所，一个名义。

这一段有名的台词，对于想象之为物，形容得淋漓尽致——此地只引了其中的六行。莎士比亚借席遐思的口，说想象之为物，乃疯人、情人、诗人所共有，而想象的作用则远逾理性的局限。在前引的六行诗中，如果说“空幻的虚无”是指处于微妙状态的某种情绪、感觉或意念，则“固定的场所”所指，该是那种栩栩如生逼人眉睫的实感。也就是说，诗人凭借想象的天赋，能够捕捉难以把握的情状，并为无名的事物命名——这种任务，即使如雪莱那样的大诗人，往往也未必能达成。

这一段台词似乎认为诗的题材只是“奇异的物象”和“空幻的虚无”，这一点未免使人心有不甘。问题在于：这一段台词的绮思妙想，是以浪漫喜剧的迷幻世界为背景，而莎士比亚自己的看法，与剧中人物也不必尽同。济慈对于想象与空泛的幻想之间容易相淆的情形，并不是没有警觉的。《夜莺曲》的末段，济慈喟叹说：

别矣哉！空想自慰的效果
亦不如人所传闻，这骗人的妖精。

“空想”也好，“骗人的妖精”（deceiving elf）也好，此地所指无非是诗。年纪轻轻的济慈，已经有此自觉。

我们对一件东西的了解，可分两种方式。理性的方式要靠观察、调查和资料，但是所得的结果往往是知识多于了解，现象多于真象。直觉的方式则有赖想象，有赖诗人设身处地，想象他自己是别的人物，这样投入万事万物的结果，会依次产生了解，同情，共鸣，而终于合一。我们通常所谓的同情，其实就是部分的或是短暂的合一。我们同情雪中折翼的麻雀，是因为一刹那间，我们想象自己也是受难的小鸟。济慈在给伍德浩司的信中说：“执善的哲人所怪者，多变的诗人乐之……诗人是万物之中最没有诗意的东西，因为他不执着于自我。诗人恒是寓己于人。”诗人没有“我执”，因为他乐于和他人他物合成一体。想象，可说是真理的捷径，没有了想象，物我的交融与合一是不可能的。诗艺之中，像明喻、隐喻、换喻、象征、夸张、拟人等等的手法，都可以视为创造性想象的锻炼，因为综而观之，这种种手法都是运用“同情的摹仿”（sympathetic imitation）使天南地北的两件东西发生关系。雪莱在《诗辩》的长文里说得好：“想象所行者乃综合之道；理性重万物之异，想象重万物之同。”所以想象是一种妙变的过程，事实经想象澄清而成真理，被动的知识经想象点醒，成为主动的了解。想象，是启示美的一道电光，排开一层层现象，而直攫意义。

如用文化传统来区分，则诗的想象在运用上可以分成两种方式。用典，是间接的方式，借物使力的作用有如杠杆。想象的杠杆，以宗教、神话、历史、文艺典籍等为支点，轻施巧力，便把一个繁重的主题举了起来。用典之道，正如其他形式的创造性想象一样，是以综合的原理为本的。一个民族世世代代累积的经验和记忆，结晶成为一则则含意丰富联想无穷的故事，诗人借用过来，巧加比附，乃将现代与古代，个例与典型，卑微与崇高，综合在一起。当然，用典不当也有缺点。例如以古喻今，千足一履，胡乱比附，也会流于滥调，有碍新经验的表达。又如用典太僻，沦为炫学，反而自远于读者，无补于沟通了。也有诗人抛却书袋，一空依傍，不向故纸堆中去拾取灵感，只愿凭借个人的敏悟，去建立自己的感性世界或象征系统。这一类诗人运用想象，可以说是直接的方式，给人的印象似乎较为质朴。弥尔顿和惠特曼，艾略特和威廉姆斯，李商隐和陶潜，正形成这两种方式的对照。习于间接想象的诗人在心态上好作回顾；对于他们，典故的作用正如现代汽车的防震弹簧（Shockabsorber），在崎岖的现实和敏感的心灵之间，有缓冲之功。直接想象的诗人，只有赤手空拳，去和现实搏斗。其实两条路都不好走：用典的诗人必须证明自己确能出经入史，与古人同游，而略无寒伧之色；不用典的诗人，也要有本领“给空幻的虚无一个固定的场所，一个名义”，才能卓然自立。

一位诗人，无论观察有多犀利，经验有多丰富，如果缺乏想象的话，仍是难以把握现实的。想象是诗人的炼金术，可以把现实炼成境界。想象如水，使现实之光折射成趣。想象如面粉，使经验的酵母得以发挥。观察止于理性的边境，想象则举翼飞了过去。想象，是诗人天赋的自由之权利，如果自己不滥用，误用，则虽暴君与审查官也不能横加剥夺。

诗人是走私的高手，总能过关脱身。他私运入境的宝物，不但证明他走私成功，更证明他确是深入了异域再回来的。济慈曾说，诗人是神派来探刺人间的间谍。希望我的走私隐喻和济慈的探卒形象不至于格格不入。我相信诗人的走私手法是双重的，因为他为日常的生活带来了神光异彩，同时又赋想象的世界以逼真的实感。且以美国女诗人狄金森的两首诗为例：

春的光辉

春来的时候有一种光辉，
为整整的一年之间
任何其他的季节所没有。
当三月尚未露脸，

有一种颜色遥遥地憩脚，

在荒寂无人的山头，
科学不能够将它捕捉，
但人的性灵能感受。

它殷勤伺候在草地上面；
它泄露远树的形状
在我们熟悉的极远的山坡；
它几乎对我有话讲。

但是当地平线举步远行，
或是报销了午时，
也没有声音所具有的形式，
它离去而我们留此：

一种遗失所特有的性质
影响到我们的内心，
像市场的交易忽然侵犯
一种神圣的幽境。

死　时

死时我听见一蝇营营；

室中那份沉寂
有如空中大气的肃静，
当暴风雨暂歇。

四周的眼睛都全已拧干，
鼻息都蓄势戒严，
待最终的攻击，待那君王
在室中赫然显现。
我分遣罢纪念品，又签罢
属我而又可遗赠
的东西——而就在这时候
插进来一只苍蝇，
带着莽撞的营营，青青无定，
在天光和我之间；
然后是窗户的消隐，然后
是我的视而不见。

这两首诗可以说明：诗是矛盾的综合。能够将平凡和奇异，真实与虚幻综合在一起。在《春的光辉》里，一年一度早春重临大地的现象，变成了一幕神秘的哑剧，像魔幻行列在远方消逝。《死时》则是垂死之人迅将泯灭的意识里感到的景象。死亡固然是一种确实的经验，却没有存者能加以描述；整个崩溃的过程，只能得之于想象间。狄金森的诗却以回忆的方式来处理，给人一种若有其事的实感。对于生者而言，死亡这件事情，只能从旁观察，不能亲身体验，所以，要用第一人称来描写死亡，对于诗人的想象力确是一大考验。不过在诗中，也有一些情况，既不能向他人观察，也不能由自己体验，只能纯凭想象。例如在九世纪初的中国，是没有人能够羽化登仙飞瞰茫茫九州的，但是李贺凭了他神异的想象，却创造了一个宏美的幻境，比之现代卫星摄得的照片，似乎并不逊色。

梦天

老兔寒蟾泣天色，云楼半开壁斜白。
玉轮轧露湿团光，鸾佩相逢桂香陌。
黄尘清水三山下，更变千年如走马。
遥望齐州九点烟，一泓海水杯中泻。

显然，这首诗的前四行是写李贺登月之行，次二行是写天上所见人间沧桑变化之速，末二行则写凌空下窥，九州之大，也只余点烟杯水，空间感非常逼人。五、六两行的时间意象，虽为陈典，却是活用，和罗赛蒂诗《幸福的女郎》（*The Blessed Damozel*: by D.G.Rossetti）中天国俯视人间的时间意象，可以相比：

那是上帝之居的巍巍城楼，
她立在城楼之上；
上帝楼临无底的深渊，
清虚此下自茫茫；
那样高，从楼头向下看，
她难以觑见太阳。
楼倚九霄，像一座长桥，
横跨浩浩的太虚。
下视昼来夜去如浪潮，
光焰与阴影交替，
于空际。最低处的地球
疾转如侏儒生气。

诗人凭借同情的想象，才能了解人的内心和物的生命。他必须具有这种才赋，才能纵浪大化之中，与万物交感共鸣。诗人之所以异于哲学家或神通家（mystic），在于他能入能出，能用令人难忘的语言把自己的经验传给读者。再以走私为喻，诗人的两栖生命要充分发挥，就必须经常往来于想象与现实之间，而不宜滞留在海关的任一边。人与自然的交相感应，是中国诗的一大本色。西方诗人歌咏自然之美时，常视自然为神性的化身，表面上在歌咏自然，真正在颂赞的却是神造万物的奇迹壮观。中国诗人所乐道的，却是天人之间的共鸣交感。李白《独酌青溪江石上寄权昭夷》诗中之句：

举杯向天笑
天回日西照

辛弃疾《贺新郎》之句：

我见青山多妩媚
料青山见我应如是

在西洋诗中是不可思议的。中国诗人的豪放之气，在西方人看来，不免有自大之嫌。想象虽为诗之本色，仍不免受文化背景所约束。

如果诗人过分沉溺于自己的想象，则此种神圣的自由恐亦会一同丧失。如果诗人不尊重现实的限制，则想象的相对自由亦将无效。潜水人奋身一跃，便从陆上投入空中复投入水中。这种自由当然是可羡的，但必须以回到陆上为条件，否则潜水的意义与溺水何异？同样，鹰飞空中也失去意义，如果鹰巢不建于地上。在希腊神话里，伊卡瑞斯随他的父亲从克里特岛的迷宫里逃了出来，伊卡瑞斯飞得忘形，不顾父亲的警告，振翅翔近太阳，结果是蜡化翼脱，坠海而死。这真是一个奇妙的寓言题材：如果神牛迷宫象征现实生活，则蜡胶的翅膀就是纯然的想象了。诗人在现实生活里是没有自由的，他的自由在死后才开始。正如里尔克笔下的天鹅，诗人在岸上的步态是笨拙可笑的，但是一滑上水面，看，他无声的泳姿又何其从容而优雅。岸是生，水是死。不然，岸是现实，水是想象，岸是拘禁，水是自由。无论如何，没有岸上狼狈的步态，就衬托不出天鹅水上的逍遥之游。再以辛德瑞拉的童话为喻，南瓜变马车，老鼠变马，都可以凭借想象，但这篇童话之所以迷人，也就是结构上所以成功的关键，在午夜必归的时限。仙人的魔杖原为厨房里苦役的女孩而挥，诗，是一只玻璃舞鞋，只适合给她穿。

想象，有如水上的倒影，总似乎比现实要美好，但如果岸上原无此物，则水上何来倒影？想象之为真实，有一个先决条件，就是它对于现实的意义，必须起探索、澄清、促进或诠释的作用。真正的诗人非但不逃避现实，还要拓展现实的境域，加强现实的弹性。为想象而想象，势必沦为文不对题的空想和梦幻，到那时，诗便成为一只赝品的玻璃舞鞋，什么脚都穿不进了。

十九世纪初年《黑森林杂志》和《评论季刊》对济慈一辈少年诗人的批评，虽然失之严峻，倒也不是完全不公平。有时候，评得严一点未始没有健康的作用。拜伦的处女作《懒散的时光》是一本幼稚的诗集，当初也受到这些杂志的攻击。经此挫折，拜伦才奋笔写出他第一首辛辣的讽刺诗《英格兰的诗人和苏格兰的书评家》。

济慈当年在书评家笔下所吃的苦头固然不好受，但比起现代作家在某些国家遭受的泛政治的文艺批评来，仍算是轻松的。《黑森林杂志》指控济慈对颇普一辈的新古典诗家有失尊敬，又无能区别“英国人的文字和伦敦东区的土腔”。《评论季刊》认为济慈的诗难懂，粗糙，荒谬，冗长，可厌，又嘲笑他连“包含一个完整思想的偶句”都写不出来。诸如此类的批评虽然失之于苛严，但其基本的态度仍然是文学的。现代的作家固然不会羡慕济慈的处境，但也不会担心这样的批评在政治上会招来什么危机。因为在现代的集权国家里，批评家念兹在兹，乐之不疲的，不是用艺术的标准来衡量一件作品的高下，而是用正统的意识，官样的术语，来鉴定它路线的正误。平庸与空洞，都在所不计，戛戛独造，却不能容忍。对于这样的批评家和他们背后的政权，济慈坚信的“想象据以为美者，定必为真”一语，不但是文不对题，而且是颓废之见吧。对于他们，济慈的逻辑应该倒过来，变成“正统举以为真者，定必为美”。

无论就济慈的诗或信看来，这样的逻辑，都不是他所能接受的。雪莱认为诗人是人间未经公认的立法者；济慈写诗，显然志不在此，其实他对于志不在美的一切诗都感到怀疑。他曾在信中劝雪莱少驰骋先忧后乐的济世壮志，多在诗艺上下点功夫。他在给雷诺兹的信中论及前辈华兹华斯的载道诗风：“对我们显然有所企图的诗，我们都痛恨。”济慈信中有名的“无为之用说”（Negative Capability），为现代学者所津津乐道，用他自己的话来解释，便是

“一个人能够处于无定，神秘，疑惑之境，而不致可厌地急于追求事实与理性。”济慈既非革命家，也非预言家，他纯然是一位艺术家。他固然也耽美成癖，但他的唯美世界仍比王尔德所追求者为健康。我们不要忘了，济慈所关怀的，不但是“想象的真实”，还有“心中感情的圣洁”。

诗人的想象，有爱心为之导引，必然是健康而真切的。济慈在诗中所爱者，是友人，家人，情人，是自然，艺术，希腊，中世纪。固然他尚未推己及人，养成对人类和万物深厚的认识和博爱，但是我们不要忘记，这位夭亡的少年真正的“诗龄”不过六年，许多大诗人在同样的“诗龄”时，成就都不能和他相比。一位行将死于肺病的少年，是该有一点“自私”的权利的吧。

也许就是在这样的心情下，济慈才喟然感叹：“哦，此生所求是感觉，不是思想！”垂死的少年对春花秋月的大好世界当然是恋恋不舍的。诗人的世界诚然是感官的世界，但要完全放逐思想，泯灭知性，那后果却是危险的。诗要强调感性，用意原在主题的经验化，形象化，但如果是为感性而感性，就沦为滥感了。浪漫主义病在滥情，从象征主义到超现实主义的现代诗，往往病在滥感。主题寓于形象化的经验，是好的，但形象化到只看见一堆散漫的意象而不见主题时，就接近颓废了。济慈的这句话，早在爱伦·坡之前，就已将浪漫主义摆渡到象征主义，并种下现代诗的不少病根。这是我们在同情济慈之余，不能不警惕的。年轻诗人能掌握的，正是想象，感情，感觉，但是思想，正如经验一样，要到中年以后才深厚得起来。济慈当年不夭亡的话，他的诗观就不致厚彼而薄此了。

——1976年9月12日

评戴望舒的诗

在中国新诗史上，崛起于三十年代的戴望舒（1905～1950），上承中国古典的余泽，旁采法国象征诗的残芬，不但领袖当时象征派的作者，抑且遥启现代派的诗风，确乎是一位引人注目的诗人。论者每将他和李金发相提并论，因为两人年龄相近，且都留学法国，追随象征诗风。其实两人颇有差异：戴望舒的第一本诗集《我底记忆》（1929）虽比李金发的处女集《微雨》（1925）晚了四年，可是论到真正的诗龄，李金发前后不过七年（1920至1927），戴望舒却长达二十余年（1923至1945）。其次，两人诗风之异，各如其名："金发"来自西方，"望舒"出于古典。李的中文欠佳，偏爱使用文言，以致文白夹杂，不堪卒读；戴的中文较纯，文白并用，较能相融。李颇耽于异国情调，诗中简直没有中国；戴的诗中虽有中国意味，却往往陷于旧诗的滥调。照说诗人的散文不致太差，但是李金发的散文，就我读过的一些看来，实在不好，令我对他的诗更加存疑。李金发的诗，人称象征派，他却自称神秘派[①]。派别当然无关宏旨，重要的是作品本身。李金发的诗，意象跳跃太过唐突，偶有奇句，但不足以成篇。

将同栖止于海啸之石上，
静听舟子之歌。

像这样的断句，无论在音调或是意境上，都有佳胜，可是和上下文常不连贯，滞而不流，终非新诗所应取法。大致说来，戴优于李，是显而易见的。

然而也只是较李为优而已。戴望舒写诗的时间三倍于李，成就当然应该高些，可是就诗论诗，戴的成就仍然是有限的。先谈他的产量。戴望舒一共只出了四本诗集，依次是《我底记忆》（1929），《望舒草》（1932），《望舒诗稿》（1937），《灾难的岁月》（1948）。其中《望舒诗稿》所收的作品大部分与前两本

① 见1975年元月台北《创世记》诗刊三十九期所刊李金发访问记：《答痖弦先生二十问》。李氏在访问记中说："那时（李留法期间）不常读到国内的作品，只偶然与周作人先生有书信往还，我两本诗集亦多蒙他推荐给北新书局……至于我的诗是无可否认的象征派作品，然起初只知是一种体裁，无所谓象征派，后来国内的人通称为象征派，颓废派，而今已垂五十年了。我无宁说我的诗为神秘派。我于1925年读了很多意大利邓南遮的诗集，亦觉其很有神秘气息，国人更看不懂了。"

诗集雷同，而《望舒诗稿》和《灾难的岁月》加起来，只有八十八首诗。戴望舒写诗的时间，前后共有二十二年，推算起来，一年的产量不过四首，可谓十分寡产。同时，这八十多首诗全是抒情短篇，最长的一首《过旧居》也不满六十行，因此，无论就篇数或行数而言，都不算丰盛。在中国，二十七岁便夭亡的李贺，也留下了241首诗。在西方，二十五岁便早逝的济慈，总产量是156首，其中甚多百行以上的长篇，例如有名的《圣安妮丝前夕》便有三百多行；至于《安迪迷恩》更长达四千零五十行，以行数而论，仅此一首就已经超过戴望舒的总产量。可是济慈实际写作的时间，只有六年。

产量多寡，当然不是评断艺术高下的重要标准。风格有无变化，诗境有无拓展，却不容忽视。戴望舒的作品，从《望舒诗稿》到后期的《灾难的岁月》，虽也有些变化，但其发展不足令人刮目相看。大致上说来，这八十多首诗可以分为五类。第一类不外是伤春悲秋，忧来无端，怅惘迷离之境，《夕阳下》、《对于天的怀乡病》、《寂寞》等等属之。第二类抒写的是一种朦胧而低回的柔情，《雨巷》、《我的恋人》等等属之。第三类摹状的是一些抽象的意念，《我的记忆》、《乐园鸟》、《偶成》等属之。第四类有意摆脱自我去刻划人物或事件，《断指》、《祭日》、《村姑》等属之。第五类比较现实，反映的不是家变、乡愁，便是国难，《过旧居》、《示长女》、《狱中题壁》、《我用残损的手掌》、《口号》等可为代表。

表面上虽然可以分出这么多类来，在本质上，其实只有两大类：第一类比较个人化，耽于虚无的情调，第二类比较社会化，具有现实的感觉。戴望舒的诗风，基本上仍是阴柔雅丽的，他的语言并无多大弹性，二十多年中亦少发展与蜕变，因此这两大类的作品之间的差异，主要仍是题材上的，不是语言上的，也就是说，两类作品说的东西虽然不同，但说的方式并没有多大差异。包括艾青在内，许多人都赞美戴望舒后期的生活态度趋向开放与积极。实际上，我觉得戴望舒早期的象征诗风捕捉的弦外之音不够飘逸，探索的内心感觉不够深刻，而后期的写实道路走得也不够沉毅、硬朗，比起臧克家与艾青来，便觉得不太自然。试看《心愿》第二段：

几时可以再看见朋友们，
跟他们游山，玩水，谈心，
喝杯咖啡，抽一支烟，
念念诗，坐上大半天？
　　只有送敌人入殓。

这几行诗命意肤浅，节奏松弛，语言乏味，最后一行尤为不妥。《心愿》作于1943年，正当抗战末期，诗人那时在日军占领的香港，并曾入狱。但是“只有送敌人入殓”一句却不足表现抗战的心情，因为“入殓”的形象不够鲜活，语言也太文诌诌，显然是在勉强押韵。

诗人的态度要真正有所转变，并不容易，因为“知道了”并不就等于“觉得了”。知性的转变如果缺乏感性来充分配合，支持，那转变就不真实，不彻底，只是一个空洞的观念吧。所谓“生活态度”，细加分析，“态度”只是知性，“生活”才是感性。许多所谓“健康写实”的作品，只有“态度'，没有“生活”，终不免沦为半生不熟的宣传品。三十年代的诗人大都面临一个共同的困境：早年难以摆脱低迷的自我，中年又难以接受严厉的现实，在个人与集体的两极之间，既无桥梁可通，又苦两全无计。真正的大诗人一面投入生活，一面又能保全个性，自有两全之计，但是从徐志摩、郭沫若到何其芳、卞之琳，中国的新诗人往往从一个极端跳到另一个极端，诗风“变”而未“化”，相当勉强。戴望舒以四十五岁的盛年逝于1950年2月，不必分割自己去迁就另一个极端，适应另一个现实，仍算是幸运的。

戴望舒作品的水准，高下颇不一致，真正圆融可读的实在不多。大致说来，他的毛病出在意境和语言。比起徐志摩的气盛声洪来，戴望舒的作品显得柔婉沉潜，较为含蓄。这只是指他的成功之作，可惜他往往失手，以致柔婉变成了柔弱，沉潜变成了低沉。往往，他的境界是空虚而非空灵，病在朦胧与抽象，也就是隔。早期的成名作《雨巷》，在音调上确比新月之作多一层曲折，难怪叶绍钧许为新诗音节的一个新纪元。以今日现代诗的水准看来，《雨巷》音浮意浅，只能算是一首三二流的小品。以三、四两段为例：

她彷徨在这寂寥的雨巷，
撑着油纸伞
像我一样，
像我一样地
默默彳亍着，
冷漠，凄清，又惆怅。

她静默地走近
走近，又投出
太息一般的眼光，
她飘过
像梦一般地，
像梦一般地凄婉迷茫。

这样的诗境令人想起“前拉菲尔派”的浮光掠影。两段十二行中，唯一真实具象的东西，是那把“油纸伞”，其余只是一大堆形容词，一大堆软弱而低沉的形容词。“冷漠”、“凄清”、“惆怅”、“凄婉迷茫”、“寂寥的”、“太息一般的”、“像梦一般的"：数一数，十二行中竟有九个形容词。内行人应该都知道：就诗的意象而言，形容词是抽象的，不能有所贡献。真正有贡献的，是具象名词和具象动词，前者是静态的，后者是动态的，但都有助于形象的呈现。诗人真正的功力在动词与名词，不在形容词；只有在想象力无法贯透主题时，一位作者才会乞援于形容词，草草敷衍过去。"像梦一般的"是一个身分较为特殊的形容词，和"寂寥的"一类单纯形容词不同，因为它是依附在一个名词之上的。可惜它依附的是"梦"，不是一个鲜明硬朗的东西。诗人一旦陷入这些"不可把握的东西"（the intangibles）之中，要再自拔是很不容易的。二十世纪初年（1909至1917）兴起于英美诗坛的"意象派运动"，大声疾呼要打倒的，正是这种不痛不痒不死不活的廉价朦胧，低级抽象。可惜在时间上紧接其后的早期中国新诗，竟泥乎其中而不知自拔。

戴诗意境之病，一为空洞，已如上述，另一则为低沉，甚至消沉。人生原多悲哀，写人生，往往也就是在写生之悲哀。可是悲哀尽管悲哀，并不就等于自怜自弃，向命运投降。真正的悲剧往往带有英雄的自断，哲人的自嘲，仍能予人清醒、崇高、升华之感，绝不消沉。大诗人的境界，或为悲壮，或为悲痛，或为悲苦，但绝少意气消沉。戴诗的悲哀，往往止于消极，不能予人震撼之感。且以《我的记忆》为例：

我的记忆是忠实于我的，
忠实甚于我最好的友人。

它生存在燃着的烟卷上，
它生存在绘着百合花的笔杆上，
它生存在破旧的粉盒上，
它生存在颓垣的木莓上，
它生存在喝了一半的酒瓶上，
在撕碎的往日的诗稿上，在压干的花片上，
在凄暗的灯上，在平静的水上，
在一切有灵魂没有灵魂的东西上，
它在到处生存着，像我在这世界一样。

它是胆小的，它怕着人们的喧嚣，
但在寂寥时，它便对我来作密切的拜访。
它的声音是低微的，
但是它的话却很长，很长
很长，很琐碎，而且永远不肯休：
它的话是古旧的，老讲着同样的故事，
它的音调是和谐的，老唱着同样的曲子；
有时它还模仿着爱娇的少女的声音，

它的声音是没有气力的，
而且还夹着眼泪，夹着太息。

它的拜访是没有一定的，
在任何时间，在任何地点，
时常当我已上床，朦胧地想睡了；
或是选一个大清早，
人们会说它没有礼貌，
但是我们是老朋友。

它是琐琐地永远不肯休止的，
除非我凄凄地哭了，
或是沉沉地睡了，
但是我永远不讨厌它，
因为它是忠实于我的。

像“记忆”、“希望”、“时间”这一类抽象观念，用诗来表现很难求工。知性的探讨，原非中国古典诗之所长。这样的主题，到了英国玄学派或美国女诗人狄金森（Emily Dickinson）的手里，才有好戏可看。戴望舒的处理是失败的。这首诗只有松散的情调，浅白的陈述，但是没有哲理的探讨，缺乏玄学的机智和深度。在戴望舒的笔下，记忆只是一种软弱低沉的声音，唤起的心境只是感伤与自怜，可见戴氏的知性天地是如何狭小。这样冗长琐碎的一种记忆，诗人竟然“永远不讨厌它”，不能不说是一种病态。一位诗人，长与“眼泪”、“太息”为伍，还要“凄凄地哭”、“沉沉地睡”，同时自己记忆所托的事物不外是“破旧的粉盒”、“压干的花片”、“凄暗的灯”、“颓垣的木莓”，可说在颓废之外，更予人脂粉气息之感。这种脂粉气，在戴诗之中简直俯拾皆是，包括下列的两段：

可是不听你啼鸟的娇音，
我就要像流水地呜咽，
却似凝露的山花，
我不禁地泪珠盈睫。

——《山行》

把桃色的珠放在你怀里，
把桃色的珠放在你枕边，
于是一个梦静静地升上来了。

——《寻梦者》

承受了法国象征主义的传统，戴望舒在《诗论零札》里强调：

“诗最重要的是诗情上的nuance，而不是字句上的nuance。”所谓nuance是指色调或含意上微妙精细的变化，其逐步增减的层次甚难觉察。戴氏这句话说得不太妥当：第一，诗情原藉字句以传，本无所谓谁更重要，真正重要的还是诗情所至，字句能否密切配合，正如颇普所云：“意之于义，应如回声。”第二，就诗而言，最重要的该是有话要说，而不是在镜花水月暗香疏影之间顾盼斟酌，味其妙变。有话要说，有重要的话要说，才谈得上说的方式；一位诗人只有在无话可说的时候，才会用nuance一类的托词来粉饰吧。罗丹的雕刻，梵高的绘画，叶芝的诗，都是生命力的洋溢，形式自然饱满充足，何待细琢什么nuance？戴望舒在绝对的标准上，只是一位二流的次要诗人（minor poet）。大诗人与次要诗人的分别，在乎生命力之盛衰强弱，而不在字句的表面品质。其实，不少次要诗人的作品反而显得更细腻些。浩思曼的诗无懈可击，但并不伟大。

在《诗论零札》中戴氏又说：“诗不能借重音乐，它应该去了音乐的成分。诗不能借重绘画的长处。”深受法国象征诗派影响的戴望舒，竟发此论，实在令人费解。这两句话，究竟是否和马拉美或当时的闻一多抬杠，不得而知。戴氏在此地只孤零零地提出了这两个意见，并未加以阐明或发挥，所以意见仍然只是意见，不能成为理论。我认为这两句话完全不负责任，因为中外古今的诗，都不能没有节奏和意象。以“音乐的成分”而言，律诗和十四行严密的格律固然富于音乐性，即使利用口语节奏的自由诗，只要安排得好，又何尝没有音乐性呢？音乐性，是诗在感性上能够存在的一大理由，“去了音乐的成分”，诗的生命便去了一半了。所谓音乐性，可以泛指语言为了配合诗思或诗情的起伏而形成的一种节奏，不一定专指铿锵而工整的韵律。中文天生就有平仄的对照，不要说写诗了，就是写散文，也不能不讲究平仄奇偶的配合。即使戴望舒自己，讲了这一番诗话之后，不也仍在写脱胎于新月体的格律诗吗？直到他最后的一首诗《偶成》，他也未能摆脱“音乐的成分”，未能摆脱早期格律的滥调：

如果生命的春天重到，
古旧的凝冰都哗哗地解冻，
那时我会再看见灿烂的微笑
再听见明朗的呼唤——这些迢遥的梦。

这些好东西都决不会消失
因为一切好东西都永远存在，
它们只是像冰一样凝结，
而有一天会像花一样重开。

看得出来这是一首“新文艺腔”的劣作：韵押得太爽利，第一段四个（国语）去声韵脚，押得太峭；节奏的起伏太机械化，太轻易；

诸如“生命的春天”，“灿烂的微笑”等等形容词加名词的片语，也空洞乏味，言之无物。显然，这是一首乐观的诗，但是，其中再三的保证并无真正的信念来支持：所以没有力量。

戴望舒的语言，常常失却控制，不是陷于欧化，便落入旧诗的老调，能够调和新旧融贯中西的成功之作实在不多。且以前引的那首《我的记忆》为例。全诗一共二十二行，记忆的代名词“它”字竟用了二十次之多，“的”字用了三十四次，读来十分累赘。同时，句法不但平铺直叙一如散文，而且一再重复，显得十分刻板。第二段九行，一直保持“它生存在……之上”的句法，显得毫无弹性。诸如“它在到处生存着”和“它便对我来作密切的拜访”等句，简直不像中文：这样的句子即使出现在译文里，也是败笔，何况是在诗人的笔下？艾青在《戴望舒诗选》的序里，竟说这首诗“采用现代的日常口语，给人带来了清新的感觉”，足见艾青对于何为口语，何为纯净中文，也认识不清。其实艾青诗中欧化情形之严重，更甚于戴，大巫看小巫，当然看不出毛病来。再举《对于天的怀乡病》首段为例：

怀乡病，怀乡病，
这或许是一切
有一张有些忧郁的脸，
一颗悲哀的心，

而且老是缄默着，
还抽着一枝烟斗的
人们的生涯吧。

七行诗句法的骨干，其实是“这或许是……人们的生涯吧”。此地“人们”一词，拥有三个形容子句：一是“有一张有些忧郁的脸，一颗悲哀的心”，二是“是缄默着”，三是“抽着一枝烟斗的”。三个子句用“而且”与“还”相联，前面更冠以总形容词“一切”。数一数横阻在“是”与“人们”之间的，共为三十二字，文法繁复，字句琐碎，即使在欧化文体之中，也只能算下品。再看他的《村姑》这首诗：

村里的姑娘静静地走着，
提着她的蚀着青苔的水桶；
溅出来的冷水滴在她的跣足上，
而她的心是在泉边的柳树下。

这姑娘会静静地走到她的旧屋去，
那在一棵百年的冬青树荫下的旧屋，
而当她想到在泉边吻她的少年，
她会微笑着，抿起了她的嘴唇。

她将走到那古旧的木屋边，
她将在那里惊散了一群在啄食的瓦雀，
她将静静的走到厨房里，
她将静静地把水桶放在干刍边。

她将帮助她的母亲造饭，
而从田间回来的父亲将坐在门槛上抽烟，
她将给猪圈里的猪喂食，
又将可爱的鸡赶进它们的巢里去。

在暮色中吃晚饭的时候，
她的父亲会谈着今年的收成，
他或许会说到他的女儿的婚嫁，
而她便将羞怯地低下头去。

她的母亲或许会说她的懒惰，
（她打水的迟延便是一个好例子，）
但是她会不听到这些话，
因为她在想着那有点鲁莽的少年。

这首诗的构思和布局本来不坏，坏在语言。冗长而生硬的散文句法，读起来有如西洋诗的中译，或是唐诗的语译，意思是可解的，但不是中文。一共只有二十四行，却有十二个“她”，一个“他”，九个“她的”，一个“他的”，一个“它们的”，共为二十四个，平均每行一个代名词；其实大半可以删去，结果不但无损原意，而且可以净化语言。其次，形容子句用得太滥：“在泉边吻她的少年”，“从田间回来的父亲”等都是例子。每个名词头上都顶着这么一个大帽子，真是吃力。还有一项严重的欧化，便是表示未来或常态的“将”与“会”；作者在诗中一共用了七个“将”，六个“会”，画蛇添足，反而损害了中文动词的优越弹性。此外，有些事情，英文用“形容词加名词”来表达，中文用一个浑成的短句就可以了。例如末段的前两行：

她的母亲或许会说她的懒惰，
（她打水的迟延便是一个好例子，）

在西洋语法的影响下，戴氏陷入了“某人的某事”的公式，竟忘了中文的语法是说“某人如何如何”。现在把这两行改写于后，看是否比较像中文：

母亲或许会说她懒惰

（她打水迟归，便是好例子，）

欧化之病既已诊断如上，让我把《村姑》全诗改写一遍，看看我的处方是否有效：

村里的姑娘静静地走着，
提着青苔剥蚀的水桶；
冷水溅滴在她的跣足上，
她的心却在泉边的柳树下。

她静静地走到旧屋子去，
百年的冬青树下，那旧屋；
想到在泉边吻她的那少年，
她便微笑，抿起了嘴唇。
她走到那古旧的木屋边，
惊散了一群在啄食的瓦雀，
她静静地走到厨房里，
静静地、把水桶放在干刍边。

有时，她帮着母亲做饭，
父亲从田里回来，坐在门槛上抽烟，

她喂罢猪圈里的猪，
又把可爱的鸡赶进巢里。

在暮色中吃着晚饭，
父亲谈起今年的收成，
或许还说到女儿的婚事，
她便羞怯地低下头去。

母亲或许会说她懒惰，
（她打水迟归，便是好例子，）
但是她听不进这些话，
正想着那有点鲁莽的少年。

删改后的《村姑》当然仍非上好的作品。我所做的，只是依照作者原意去芜存菁，删多于改，并无脱胎换骨之意。《村姑》原诗的缺点太多，令人有欲改无从之感。换一位真正的高手来写，该不会三段诗中用上四次“静静地”，也不会为了填空而写出“可爱的鸡”这么空洞的字眼。这种毛病，说明了一般新诗，未得西洋诗之妙谛，先已自绝于中国古典的传统，在词藻和字汇上有多贫乏。“可爱的”尤其是一个没有形象的形容词，在感性上毫无效果。作者说鸡是“可爱的”，读者却想象不出怎么个可爱来，说了等于没说。方旗的诗句：

新雏啁啾检视羽翼

寥寥的八个字，有形有声，便攫住了小鸡的生命[①]。如果方旗敷衍塞职，他大可漫不经心，认出“冰心式的”空洞诗句：多可爱哪！这些小鸡！同样，在《村姑》里，“可爱的鸡”也是想象无力的表现。一定要填上一个形容词的话，至少也应该说“啁啾的新雏”或者“争虫的鸡群”吧。

无论如何，删改后的《村姑》比起未删的原作来，毕竟眉清目秀，了然得多了。我删掉的，大半是中文不需要更承受不起的代名词，辅动词（auxiliaries），联系词，形容子句等——一句话，语法上的种种“洋罪”。所谓“新文艺腔”，就是甘受洋罪的一种文体，看起来是中文，听起来却是西语，真是不中不西的畸婴。《村姑》原作295字，删后减为236字。一首相当有名的新诗，为什么删掉五十多字，只留下五分之四的篇幅后，不但无损原意，反而有助表达呢？难道所谓新诗，只是一种漫不经心的“填字游戏”吗？把纯净的中文扭曲成洋腔，把大量本国的和外国的冗词虚字嵌进节奏的关节里去，就成了新诗的语言了吗？

同属欧化的失败之作，在戴诗之中尚有《断指》、《祭日》、

① 见方旗诗集《端午》中《新雏》一诗。《端午》1972年出版于台北。

《十四行》等等，不再一一列举。另一方面，戴诗语言之失，却来自中国的旧诗。新诗人虽然直接间接都受西洋诗的影响，但同时也多少师承中国诗的传统，只有艾青、田间等少数作者是例外。以戴望舒与何其芳为例，两人都向古典诗词挹取芬芳，可是戴的语言就不如何其芳那么纯。戴写过一首《秋》，何也写过一首《秋天》，两诗题材相同，一比之下，便发现何的语言甘醇有味，富于中国情韵，戴的证言就较为平白松散，嚼之无味。

再过几日秋天是要来了，
默坐着，抽着陶制的烟斗，
我已隐隐听见它的歌吹，
从江水的船帆上。
它是在奏着管弦乐；
这个使我想起做过的好梦；
我从前认它为好友是错了，
因为它带了忧烦来给我。

林间的猎角声是好听的，
在死叶上的漫步也是乐事。
但是，独身汉的心地我是很清楚的，
今天，我没有这闲雅的兴致，

我对它没有爱也没有恐惧，
你知道它所带来的东西的重量，
我是微笑着，安坐在我的窗前，
当飘风带着恐吓的口气来说：
秋天来了，望舒先生！

——戴望舒《秋》

震落了清晨满披着的露珠，
伐木声丁丁地飘出冷的深谷。
放下饱食过稻香的镰刀，
用背篓来装竹篱间肥硕的瓜果。
秋天栖息在农家里。

向江面的冷雾撒下圆圆的网，
收起青鳊鱼似的枫叶的影。
芦篷上满载着白霜，
轻轻摇着归泊的小桨。
秋天游戏在渔船上。

草野在蟋蟀声中更寥阔了，

溪水因枯涸见石更清冽了，
牛背上的笛声何处去了，
那满流着夏夜的香与热的笛孔？
秋天梦寐在牧羊女的眼里
——何其芳《秋天》

相比之下，何其芳的意境浑成，音调圆熟，语法自然且多变化，除了篇末的牧羊女略带一点异国情调之外，通篇的感觉都是中国乡土的风味[①]。戴望舒的一首就逊色得多。何诗是无我之境，感觉的焦点全在秋天本身。戴诗是有我之境，咏的是诗人对秋天的观感。何诗富感性，故真切。戴诗感性稀薄，知性也不强烈，对秋之所以为秋探讨得不深入也不明彻。“你知道它所带来的东西的重量”一句，换了狄金森那样富于玄学派机智的诗人，当能写得更美，更曲折，更饶意趣[②]。尽管戴诗也咏及踏叶听角之类的秋兴，但全诗予人的感觉仍是带点欧化的。主要的原因仍在语言。何的《秋天》里，不少句子都省去了主词，从头到尾，更不见一个代名词，这才是中文诗的常态。戴诗则不然，十七行诗用了十六个代名词，

① 港大与中大合出的《现代中国诗选》，于何其芳的作品竟不选此诗，反选了不如此诗的《我想谈说种种纯洁的事情》等篇，殊堪惋惜。

② 可参阅狄金森《冬日的下午》一诗：叫There’s Certain Slant of Light：by Emily Dickinson。

我、你、它，一应俱全，诗境为之零乱。何诗三次直言秋天，“拟人格”的运用在虚实之间，笔触轻快。戴诗提到秋天，一共八次，除了八次直呼之外，其余六次都用“它”代替，在中文里，这种手法未免过于落实，太散文化了。在古典诗里，咏时咏物之作，诗题既已标明，诗中往往就不再直呼其名，至于代名词，更罕见使用。苏轼咏海棠七古，近三十句而不称其名，便是一例。古典的含蓄不泥，我们的新诗人似乎很少体认。

戴望舒接受古典的影响，往往消化不良，只具形象，未得风神。最显著的毛病，在于词藻太旧，对仗太板，押韵太不自然，以下各举一例为证：

我没有忘记：这是家，
妻如玉，女儿如花，
——《过旧居》

贝壳的珠色，潮汐的清音，
山风的苍翠，繁花的绣锦，
——《示长女》

我们彳亍在微茫的山径，
让梦香吹上了征衣，

和那朝霞，和那啼鸟，
和你不尽的缠绵意。
——《山行》

诸如此类的毛病，在戴诗里经常发现。艾青却说："构成望舒的诗的艺术的，是中国古典文学和欧洲的文学的影响。他的诗，具有很高的语言的魅力。他的诗里的比喻，常常是新鲜而又适切。"①我认为实际上并不如此。除了在少数佳作之中，戴诗的语言非但没有魅力，甚且不够稳妥，有时竟还欠通。再看三个例子：

你看，湿了雨珠的残叶，
摇摇地停在枝头，
（湿了泪珠的心儿
轻轻地贴在你心头。）
——《残叶之歌》

在一口老旧的，满积着灰尘的书橱中，
我保存着一个浸在酒精瓶中的断指；
每当无聊地去翻寻古籍的时候，

① 见《戴望舒诗选》艾青之序。

它就含愁地勾起一个使我悲哀的记忆。

——《断指》

在疲倦的时候，

我常是暗黑的街头的踯躅者，

——《单恋者》

在《残叶之歌》中，心儿如何贴在心头，令人费解。就算心儿可以贴在心头吧，也只是陈腔而已。在《断指》中，前三行累赘，末行近于不通。“含愁地”和“使我悲哀的”，意相近而语相淆，重复的形容反而对不准焦点。“长安不见使人愁’，岂不言简意赅，一定要说“我哀长安不见使人愁”，反倒使人茫然了。这四行冗句如能改短如下，诗意也许反而清楚些；

在一架旧书橱里，灰尘满积。

有一个酒精瓶，久浸着一只断指；

每当无聊，去翻寻古籍，

就勾起我悲哀的记忆。

《单恋者》中的“踯躅者”，也是一个不大不小的毛病。这毛病来自译文，久之，在作家笔下也成为“正格”了。本来，西文所说

“萧伯纳是一位素食主义者”，便等于中文的“萧伯纳吃素”。可哀的是，目前的作家大半避简就繁，爱跟在西文的背后喋喋饶舌，受其洋罪。中国古典文学里，用起“者”字来，都简洁浑成，不至于拗口。“负者歌于涂，行者休于树，前者呼，后者应”是一例。“谁知林栖者，闻风坐相悦”是一例。“客有吹洞箫者”又是一例。戴望舒笔下的“踯躅者”，所以不妥，是三字均为双声，读来重浊刺耳，同时前文“暗黑的街头的”偏偏又是颇为新文艺腔的白话，文白相抵，很不和谐，不过这种毛病并非戴氏所独有：“我是一个……者”的公式早已为欧化新文学作家普遍接受了。在《冰心诗集》的后记里，巴金就这么说：“十几年前我是冰心的作品的爱读者。”其实在纯正的中文里，我们不说“我是一个……者”只说“我如何如何”。前论戴诗之拗句，只要改成：“暗黑的街头，我常踯躅。”就可以把“者”字化解于无形了。

至于一般评论戴诗的人所谓反映现实之作，我认为《断指》、《祭日》、《村姑》、《元日祝福》、《心愿》、《等待之一》、《过旧居》、《示长女》、《口号》等，或太欧化，或太抽象，或太陈旧，都不能算是好诗。《等待之二》较为坚实有力，但也未到成功之境。最成熟最自然的两首，是《狱中题壁》和《我用残损的手掌》。可惜前者仍未能完全摆脱欧化，民族感也未能充分发挥；后者的语言颇有张力，节奏的起伏也颇能吻合诗情，但仍不是一篇真正撼人的杰作。

抒情小品之中，《烦忧》和《白蝴蝶》，一空灵，一自然，都是完整无缺的隽品。但真正富于中国情韵，语言又纯厚天然的，是下面这两首：

旅 思

故乡芦花开的时候，
旅人的鞋跟染着征泥，
黏住了鞋跟，黏住了心的征泥，
几时经可爱的手拂拭？

栈石星饭的岁月，
骤山骤水的行程：
只有寂静中的促织声，
给旅人尝一点家乡的风味。

萧红墓畔口占

走六小时寂寞的长途，
到你头边放一束红山茶，
我等待着，长夜漫漫，
你却卧听着海涛闲话。

这两首小诗都有唐诗的兴味，前面一首像律，后面一首像绝。尤其是后面的这首，初读似无文采，再读始见真情，是唐人绝句的意境。这些都是小品，可见戴诗成就终是有限。

戴望舒在中国象征诗派中的评价，比李金发为高。何其芳、卞之琳的风格和他接近，但语言比他纯净。台湾现代诗的先驱人物，如覃子豪与纪弦，似乎都受过他一些影响。在新诗史上，戴望舒自有他一席地位，不过这地位并不很高。他的产量少，格局小，题材不广，变化不多。他的诗，在深度和知性上，都嫌不足。他在感性上颇下功夫，但是往往迷于细节，耽于情调，未能逼近现实。他兼受古典与西洋的熏陶，却未能充分消化，加以调和。他的语言病于欧化，未能发挥中文的力量。他的诗境，初则流留光景，囿于自己狭隘而感伤的世界，继则面对抗战的现实，未能充分开放自己，把握时代。如果戴望舒不逝于盛年，或许会有较高的成就。这当然只是一厢情愿的假想，因为三十年代的名作家，1949年以后，在创作上皆难以为继，更无再上层楼。在早期的新诗人中，戴望舒的成就介于一二流之间。用中国古典与西洋大诗人的标准来衡量，他最多只能列于二流。

——1975年10月

闻一多的三首诗

在二十年代的中国文坛，闻一多是一位重要的诗人，除了创作之外，还提出了所谓格律诗的理论，影响颇为深远。有些史家和论者，遂称他为大诗人。其实闻一多距大诗人之境尚远。首先，他的作品太少，前后十年的创作只留下《红烛》和《死水》两部诗集。相比之下，《死水》的主题当然较为现实，境界较为开阔，技巧也较为成熟，但是仔细分析起来，他的作品之中真正耐人咀嚼的，恐怕也不过《洗衣歌》、《一句话》、《死水》、《也许》等这么几首。其他的作品，尤其是早期的一些，都难称为佳作。他的格律诗理论，太浅显单纯，用来纠正胡适、冰心等的散漫也许有效，但赖以开启谨严而完整的诗体，则仍嫌不足。至其末流，所谓“建筑的美”在新月派晚辈作者的笔下便往往沦为填字与凑词，亦即英文诗中的所谓filler。在节奏方面，闻诗或自由而至于散浅，或整齐而陷于刻板，尚未把握到适度的弹性。

闻一多早期的诗中，颇多失败之作。本质上，闻的笔锋宜于歌激情，不宜于咏柔情。下面试举三诗为例，稍加评述。第一首是《忘掉她》：

忘掉她，像一朵忘掉的花
那朝霞在花瓣上
那在心的一缕香
忘掉她，像一朵忘掉的花

忘掉她，像一朵忘掉的花
像春风里一出梦
像梦里的一声钟
忘掉她，像一朵忘掉的花

忘掉她，像一朵忘掉的花
听蟋蟀唱得多好
看墓草长得多高
忘掉她，像一朵忘掉的花

忘掉她，像一朵忘掉的花
她已经忘记了你
她什么都记不起

忘掉她，像一朵忘掉的花

忘掉她，像一朵忘掉的花
年华那朋友真好
她明天就教你老
忘掉她，像一朵忘掉的花

忘掉她，像一朵忘掉的花
如果是有人要问
就说没有那个人
忘掉她，像一朵忘掉的花

忘掉她，像一朵忘掉的花
像春风里一出梦
像梦里的一声钟
忘掉她，像一朵忘掉的花

这首诗的毛病，一是滥调，二是费辞。据说这首诗是哀悼作者的女儿，果真如此，则除了朝霞的意象外，实在看不出来。就诗论诗，予人的印象毋宁更近于爱情。这且不去管它。只看诗中浮泛而陈旧的意象，就令人难以接受朱自清给《红烛》的美评："讲究用比喻，又喜用别的诗人所用不到的典故，最为繁丽。”我所说的“滥调”，除了意象之外，尚有音调。前面三段第三行末的“香”、“钟”、“高”三字，和段末的“花”字，在国语里均为第一声，毫无层次感。至于每段首尾的叠句，则重复过甚，全诗28行中竟占14行，令人生厌，是为费辞。如果删去前六段的末行，使叠句的数目减为八句，相信效果反而会好些。闻一多的这首《忘掉她》令人想起美国现代女诗人蒂丝黛儿（Sara Teasdale，1884-1933）的一首抒情小品*Let It Be Forgotten*。下面是原诗和我的中译：

Let It Be Forgotten

Let it be forgotten, as a flower is forgotten,
Forgotten as a fire that once was singeing gold.
Let it be forgotten for ever and ever,
Time is a kind friend, he will make us old.

If anyone asks, say it was forgotten
Long and long ago,
As a flower, as a fire, as a hushed footfall
In a long-forgotten snow.

忘掉它

忘掉它，像忘掉一朵花，
像忘掉炼过黄金的火焰，
忘掉它，永远永远。时间是良友，
他会使我们变成老年。

如果有人问起，就说已忘记，
在很早，很早的往昔，
像花，像火，像静悄悄的足音
在早被遗忘的雪里。

蒂丝黛儿生于1884年，长闻一多十五岁．闻的《忘掉她》摹仿蒂丝黛儿的《忘掉它》，甚至字句都雷同，是显而易见的。蒂丝黛儿本来就不是怎么杰出的诗人，这首《忘掉它》也只是一首柔美感伤的小诗，算不上什么杰作。闻一多学她学得太露骨，没有原作那简洁含蓄的韵味。尤其是下面这两行：

年华那朋友真好，
她明天就教你老；

有两个毛病。女诗人把时间称为朋友，是“他”：闻一多诗中却改为“她”，本来也无不可，但是后面紧接而来的却是“忘掉她”，两个“她”连在一起，易生误解。其次，女诗人说时间是一位仁慈的朋友，我们逐渐老去，便会把一切看淡，不再痛苦。闻一多却说“她明天就教你老”，无乃太急太快，失之生硬。

徐志摩的情诗，真能深婉的，并不多见。闻一多在这方面，更逊于徐。下面是闻的短诗《国手》：

爱人啊！你是个国手；
我们来下一盘棋；
我的目的不是要赢你，
但只求输给你——
将我的灵和肉
输得干干净净！

爱情原非军事或政局，用勾心斗角的棋赛来比喻十分不宜，而除了这个意象之外，其他的句子都是散文的直陈，坦露无韵。下面的一首叫做《爱之神》，副题是“题画”：

啊！这么俊的一副眼睛——
两潭渊默的清波！
可怜孱弱的游泳者哟！

我告诉你回头就是岸了!

啊! 那潭岸上的一带榛薮,
好分明的黛眉啊!
那鼻子,金字塔式的小邱,
恐怕就是情人底茔墓罢?

那里,不是两扇朱扉吗?
红得像樱桃一样,
扉内还露着编贝底屏风。
这里又不知安了什么陷阱!

啊! 莫非是绮甸之乐园?
还是美底家宅,爱底祭坛?
呸! 不是,都不是哦!
是死魔盘据着的一座迷宫!

闻一多留美时,曾在芝加歌艺术学院习画,这首诗既云“题画”,可以想见画中的爱神不外是维纳斯之类。作者从爱神的眼眸,眉毛,鼻子,一直写到红唇和皓齿,强调的是爱的恐怖和危险,诗意失之于露,诗风则趋于十九世纪九十年代的颓废。意象的结构散漫而不调和。已经说鼻子是茔墓，却又猜皓齿之内是乐园；而嘴唇既是“两扇朱扉”，却又“红得像樱桃”，门扉和樱桃，一大一小，是难以联想在一起的。意象颇为欧化，但因爱神原本来自西方，倒无多大关系。只是“美底家宅，爱底祭坛”，很像Home of Beauty，Altar of Love的直译，颇为生硬。西方语文里抽象名词的所有格，中译最难讨好，因此这样的“移植”最为不智。文字方面，浅白而且散文化。第三段已经说红唇是“那里”，却又说皓齿之内是“这里”，远近的关系可谓倒置。末段第三行用“呸”字开始，未免太粗浊了。至于爱情一定要用死亡的形象来表现，而又表现得这么重拙，也是一种病态。试将此诗和郑愁予的《如雾起时》作一比较：

我从海上来，带回航海的二十二颗星。
你问我航海的事儿，我仰天笑了……
如雾起时，
敲叮叮的耳环在浓密的发丛找航路；
用最细最细的嘘息，吹开睫毛引灯塔的光。
赤道是一痕润红的线，你笑时不见。
子午线是一串暗蓝的珍珠，
当你思念时即为时间的分隔而滴落。
我从海上来，你有海上的珍奇太多了……

迎人的编贝，嗔人的晚云，

和使我不敢轻易近航的珊瑚的礁区。

当可发现两诗的主题都是描述女性的面貌，但是郑愁予对爱情的态度是信任的，喜悦的，洋溢着青春的气息。他用航海意象来影射情人的脸庞和感情的变化，手法灵巧而贴切。他的文字流利无阻，驱遣白话和文言浑不费力，而口语的节奏尤为天然。这一切，都不是闻一多及得上的。郑愁予写这首诗时，也只有二十一岁。郑愁予是五十年代的代表诗人，从闻一多到郑愁予，三十年间中国新诗的进步，是显而易见的。

新诗的评价

——抽样评郭沫若的诗

中国的新诗发展到今天 已有近六十年的历史，其间名家虽多，真正的大家却极为罕见。前三十年里的十几位名家，不是已夭亡，就是已封笔，大半已成为历史的陈迹。其中即使有三两位偶然还发表“近作”，也往往只给人生硬或退步的感觉，要求层楼更上，恐怕是希望甚渺了。有一天，时尚的烟雾散去，主义的光芒减色，阶级的定义改观，早期新文学的名作之中，究竟还有几篇能禁得起严格的分析而传之久远，诵于后人之口呢?

常有人问起，所谓新诗，有没有定规可循。我的答复是：没有。新诗迄今只有半个世纪，创作不能算丰收，理论和批评更是欠缺，而古典诗的继承与西洋诗的吸收尤不调和，加以六十年间，文学批评往往蔽于政治的主观，因此，新诗本身尚未建立起一个新的传统。也因此，要评定一首新诗的高下，往往不得不乞援于中国古典诗源远流长的传统，或是向影响新诗人很深的西洋诗去借镜。等到新诗的创作渐丰，理论渐富，而批评也日渐犀利而公正，我们要评定一首新诗，就可以用已经公认的新诗杰作来充试金石了。如果新诗之中已出现几篇杰作，摹状音乐的境界可以追及《琶琵行》、《听颖师弹琴》、《李凭箜篌引》，或是《听安万善吹觱栗歌》，则批评家面对同一主题的新诗近作时，就有了新的标准可资比较，无须事事借重古典的试金石或磅秤了。就目前的情形而论，新诗的批评家还没有这种方便。

目前，颇有一些文学史家或评论家，喜欢抽刀断水，用中国新文学本身的标准（假定真有这么一件事）来评估新文学作家的地位。这种绝缘的评价，恐是站不住脚的。说徐志摩、闻一多、郭沫若、朱湘等是二十年代的名诗人或重要诗人，是可以的；但说他们是什么大诗人，却有欠斟酌。要断定一位作家有没有名，比较简单，但要断定他是否大作家，就必须先有评价的标准，然后再加以严密的分析和广泛的比较，否则那评价是空洞而草率的。

据我看来，上述二十年代的四位名诗人，都不足称为大诗人。我所谓的大诗人，是指屈原、陶潜、李白、杜甫的这一等级。据此标准，其中的郭沫若连一流的诗人也称不上，更无论大诗人。郭氏饱读古典诗，也略识西洋诗，我拟从他的诗里提出两首来，和性质相近的古典诗及西洋诗相互比较，分个高下。

上海的清晨　　郭沫若

上海市上的清晨

还不曾被窒息的gasoline毒尽。
我赤着脚，蓬着头，叉着我的两手，
在马路旁的树荫下傲慢地行走，
赴工的男女工人们分外和我相亲。

兄弟们哟，我们路是定了！
坐汽车的富儿们在中道驱驰，
伸手求食的乞儿们在路旁徙倚。
我们把伸着的手互相紧握吧！
我们的赤脚可以登山，可以下田，
自然的道路可以任随我们走遍！
富儿们的汽车只能在马路上面盘旋。

马路上，面的不是水门汀，
面的是劳苦人的血汗与生命！
血惨惨的生命呀，血惨惨的生命，
在富儿们的汽轮下……滚，滚，滚……
兄弟们哟，我相信：
就在这静安寺路的马路中央，
终会有剧烈的火山爆喷！

茅屋为秋风所破歌　　杜　甫

八月秋高风怒号，卷我屋上三重茅，茅飞渡江洒江郊。高者挂罥长林梢，下者飘转沉塘坳。南村群童欺我老无力，忍能对面为盗贼？公然抱茅入竹去，唇焦口燥呼不得，归来倚杖自叹息。俄顷风定云墨色，秋天漠漠向昏黑。布衾多年冷似铁，娇儿恶卧踏里裂。床头屋漏无干处，雨脚如麻未断绝。自经丧乱少睡眠，长夜沾湿何由彻！安得广厦千万间，大庇天下寒士俱欢颜，风雨不动安如山！呜呼何时眼前突兀见此屋，吾庐独破受冻死亦足！

《上海的清晨》作于1932年，指控社会的不平，鼓吹阶级的意识，是所谓普罗文学的作品。《茅屋为秋风所破歌》大约作于761年，其中也有生活之苦，不平之鸣，是所谓社会写实的作品。郭诗指控的是贫富不均，杜诗慨叹的是欺老劫贫冷漠无情的社会，但欺他劫他的“南村群童”，本身想必也不是郭诗中所谓的“富儿们”。在社会意识上，两诗都有所同情，甚至认同，也就是说，都有点所谓“阶级性”。郭沫若认同的，是“赴工的男女工人们”，他称他们为“兄弟们”；杜甫认同的则是普天下之“寒士”。换句话说，杜甫的意识跳不出“知识分子的小圈子”，郭沫若却认同无产阶级，走群众路线，意识上似乎“革命”得多。

可是真正感动我们的，是杜诗，不是郭诗。杜诗感动我们，因为诗中的世界是真实的：怒号的秋风是真实的，漏雨的茅屋是真实的，公然为盗的群童、踏被恶卧的娇儿、终宵无寐的诗人，都是呼之欲出如在眼前的。郭诗不感动我们，因为那里面没有一个充实而逼真的世界，诗中的工人和富儿只是浮光掠影，面目模糊，并无生命。尽管诗人一再对工人呼兄唤弟，并强调“赴工的男女工人们分外和我相亲”，他却无法用形貌、言词或行动去描绘他们，赋给他们生命，而读者也很难体会诗人究竟如何与工人“分外相亲”。诗人再三保证说：“我们的赤脚可以登山，可以下田，自然的道路可以任随我们走遍”，读者却知道这只是空洞的诺言，诗人会不会真正这么做，还有问题。

两诗结尾时都有一个愿望：郭诗希望的大概是暴动或革命，杜诗希望的，则是广厦万间以庇天下之寒士。郭诗里的暴动，诗人是否准备参加，并没有明确的承担。杜诗里的奇迹，却是诗人愿意“吾庐独破受冻死”以求的，杜甫的承担十分肯定。总而言之，郭诗是从观念出发，并无生活经验可以印证，所以写来模糊而破碎，生硬而勉强，不能感人；杜诗是从经验出发，有他自己的生活可以印证，所以写来真实而自然。郭沫若一厢情愿，以工人的兄弟自居，但对于工人的世界并无把握；杜甫发愿要大庇天下寒士，因为他自己就是一介寒士，至于怎么寒法，诗中已有生动的描绘。杜诗篇末的宏愿，乃推己而及人，他认同的“群众”，是以个人的切身体验为基础的。

在《评戴望舒的诗》一文中，我写过这么一段话："诗人的态度要真正有所转变，并不容易，因为'知道了'并不就等于'觉得了'。知性的转变如果缺乏感性来充分配合，支持，那转变就不真实、不彻底，只是一个空洞的观念吧。所谓'生活态度'，细加分析，'态度'只是知性，'生活'才是感性。许多所谓'健康写实'的作品，只有'态度'，没有'生活'，终不免沦为半生不熟的宣传品。"前述的郭诗便是一例。

纯以诗艺而言，《上海的清晨》也是不高明的。此诗句法拖沓，散漫，颇为散文化。郭诗常好嵌用外文，此地也不能免。"中道驱驰"和"路旁徙倚"不但陷于陈旧的对仗，而且出现在这么一首"普罗"的作品里，不嫌太文诌诌，太"封建"了一点么？末段"血惨惨的生命呀，血惨惨的生命"等句，更不能免于郭诗滥用感叹的恶习。至于诗末的预言，就郭的意图而言，该是高潮拔起情绪激昂的一结，但收尾的动词却是"爆喷"。"喷"字韵属柔缓的上平十三元，无论用国语或是郭的四川乡音来读，都是如此，音不从义，是为浮笔。

《茅屋为秋风所破歌》的韵律，不但能充分表现诗中的感情，而且能铢两悉称曲达情绪的转变。以用韵为例，开篇的五句用先宽后收嘹亮而迤长的下平三肴为韵，以配合秋高风劲之势。"南村群童"到"秋天漠漠"七句，改韵十三职："布衾多年"到"长夜沾湿"六句押九屑；均为峭急逼仄的入声韵，和诗人"唇焦口燥"之状辗转反侧之情紧密呼应。"安得广厦"到"风雨不动"三句，为一突变，诗人想象飞迸，诗境豁然开朗，由人之现实跃入扬眉吐气之理想，韵脚也从入声解脱出来，舒展为开阔平坦的上平十五删。结尾的两句，呼吁之中更表示牺牲自我以成全普天下寒士蹇儒的决心，情绪由适才的舒坦又转入急迫，韵也由上平回到入声，一放一收，极有控制。结尾的两句，由于“呜，呼，突，兀，屋，吾，庐，独，足”等字如呼如哭的相叠效果，和前句末五字“突兀见此屋”，后句末七字“独破受冻死亦足”串联不断的仄声，节奏上又快又窄又急，技已入神。相形之下，郭诗可谓漫不经心。诗，是诗人最可靠的测谎器。从观念出发而未经生活浸渍的作品，即使在声调上，也会泄漏内心的空洞。

下面再以另一首郭诗和西洋的名诗相比：

晨 安

一

晨安！常动不息的人海呀！

晨安！明迷恍惚的旭光呀！

晨安！诗一样涌着的白云呀！

晨安！平匀明直的丝雨呀！诗语呀！

晨安！情热一样燃着的海山呀！

晨安！梳人灵魂的晨风呀！

晨安呀！你请把我的声音传到四方去吧！

二

晨安！我年青的祖国呀！

晨安！我新生的同胞呀！

晨安！我浩荡荡的南方的扬子江呀！

晨安！我冻结着的北方的黄河呀！

黄河呀！我望你胸中的冰块早早融化呀！

晨安！万里长城呀！

啊啊！雪的旷野呀！

啊啊！我所畏敬的俄罗斯呀！

晨安！我所畏敬的Pioneer呀！

三

晨安！雪的帕米尔呀！

晨安！雪的喜玛拉雅呀！

晨安！Bengal的泰戈尔翁呀！

晨安！自然学园里的学友呀！

晨安！恒河呀！恒河里面流泻着的灵光呀！

晨安！印度洋呀！红海呀！苏彝士的运河呀！

晨安！尼罗河畔的金字塔呀！

啊啊！你早就幻想飞行的达·芬奇呀！

晨安！你坐在万神前面的“沉思者”呀！

晨安！半工半读团的学友们呀！

晨安！比利时呀！比利时的遗民呀！

晨安！爱尔兰呀！爱尔兰的诗人呀！

啊啊！大西洋呀！

四

晨安！大西洋呀！

晨安！大西洋畔的新大陆呀！

晨安！华盛顿的墓呀！林肯的墓呀！惠特曼的墓啊！

啊啊！惠特曼呀！惠特曼呀！太平洋一样的惠特曼呀！

啊啊！太平洋呀！

晨安！太平洋呀！太平洋上的诸岛呀！太平洋上的扶桑呀！

扶桑呀！扶桑呀！还在梦里裹着的扶桑呀！

醒呀！Mésamé呀！

快来享受这千载一时的晨光呀！

You, Andrew Marvell

by Archibald Mac Leish

And here face down beneath the sun

And here upon earth s noonward height
To feel the always coming on
The always rising of the night

To feel creep up the curving east
The earthy chill of dusk and slow
Upon those under lands the vast
And ever climbing shadow grow

And strange at Ecbatan the trees
Take leaf by leaf the evening strange
The flooding dark about their knees
The mountains over Persia change

And now at Kermanshah the gate
Dark empty and the withered grass
And through the twilight now the late
Few travelers in the westward pass

And Baghdad darken and the bridge
Across the silent river gone

And through Arabia the edge
Of evening widen and steal on

And deepen on Palmyra's street
The wheel rut in the ruined stone
And Lebanon fade out and Crete
High through the clouds and overblown

And over Sicily the air
Still flashing with the landward gulls
And loom and slowly disappear
The sails above the shadowy hulls

And Spain go under and the shore
Of Africa the gilded sand
And evening vanish and no more
The low pale light across that land
Nor now the long light on the sea

And here face downward in the sun
To feel how swift how secretly

The shadow of the night comes on…

英文诗的作者麦克里希（Archibald MacLeish，1892–1982）是美国著名的现代诗人；这首《你，安德鲁·马维尔》是他最好的短诗之一。我把上面两首诗相比，因为双方有许多相似之处。第一，两位诗人年岁相同，均生于1892年。第二，两首诗的写作时间很接近，郭诗写于1920，麦诗写于1930年。第三，两诗均用了许多地名，手法也均为“枚举式”或“巡游式”，有一种“览相观于四极兮，周流乎天余乃下”的气势。第四，这种云游列国的巡行，在两诗中都是自东而西，合乎地球自转的现象。不同的是，郭诗的“场景”自东而西，是由于旭日之升，麦诗如此，是由于暮色之来。

表面的比较到此为止，其实两诗的用心大不相同。郭沫若写《晨安》时，正在日本留学，也就是说，正在诗中的扶桑。扶桑神木，日所出也，在日本而写旭日之升，朝暾之美，固所宜也。郭诗从日本出发，历亚非欧美而回到日本，一路向各国的风土人物欢道晨安，最后是回到他客居的东瀛，呼醒日本来“享受这千载一时的晨光”。

这首《晨安》比前引的那首《上海的清晨》当然写得好些，但仍不能算是一篇佳作。郭沫若早期的诗刻意摹仿美国十九世纪大诗人惠特曼，但惠特曼的汪洋浑涵并未得窥堂奥，只学到一点恣纵和浮泛的皮毛。“晨安”一诗学惠特曼不成，主要有两个毛病。其一是滥用感叹词和惊叹号，三十多行，一“呀！”到底，加上某些诗行句的“啊啊！”及“醒呀！”等等，一共用了65个感叹词和88个惊叹号，给读者的印象，是浮嚣、幼稚，而不是生动。古典诗固然也有“噫吁戏危乎高哉”与“嗟尔远道之人，胡为乎来哉”之句，但都是在感情高昂之时才偶一迸发，并不像郭诗那样通篇咿唔，成为机械化的感叹。其二是郭诗在袭用“枚举法”时，于细目之选择与安排，往往只是兴至漫举，纷然杂陈，并列得不够妥贴，不够严肃。例如在第三段里，自东而西，世界的文明古国，举印度、埃及，而不及希腊，至于欧洲之文物，时而举一艺术大师，时而举一雕刻名作，时而举遗民，时而举诗人，更显得颇为凌乱。新大陆一段，向三个墓呼唤晨安也不妥，因为墓的自然象征应是夕阳而非晨曦。终篇时又回到日本，但放过现成的神话不加利用，和中国的血缘也未予点醒，至于晨光朝朝皆有，而谓之“千载一时”，也不妥。

通观全诗，虽云乐观而轻快，也许算是表现了一点世界公民的味道，却未能发掘什么深刻的主题，把握一些永恒的价值。《你，安德鲁·马维尔》在这方面就深得多。让我分三点解析这首诗。首先是诗题。安德鲁·马维尔（Andrew Marvell，1621-1678）原是十七世纪英国玄学派诗人，他的名作《赠含羞之情人》中有这么两行：

But at my back I always hear
Time's winged chariot hurrying near.

（但是啊在背后我时时惊闻

时间的飞车迫近的驶声。）

岁月不居，人生苦短，古今之感叹相同。这两行诗曾经艾略特和海明威等现代作家引入自己的作品。麦克里希用安德鲁·马维尔的名字做诗题，熟知英诗的读者自然会联想到这两行诗。

其次，麦克里希用地球东转暮色西侵的运动，来暗示光阴潜移，永不停息。诗中依次出现的地名——艾克巴坦、克尔曼沙（均为米地亚古城，在今伊朗西部），巴格达，阿拉伯，巴尔迈拉（在今叙利亚中部），黎巴嫩，克里特，西西里，西班牙，非洲——由中东逐渐西移，表面上写的是落日的西坠，其实是影射古代的文化，从巴比伦、希腊、罗马等一直到晚近的西班牙，一朝接一朝，一代接一代，兴亡相替，都在西风残照之中成了败垣颓壁。“事去千年犹恨速”，帝国兴亡，不过如日之方中忽暮。麦克里希是美国诗人，在首段和末段说的正是美国。他说中东、南欧、北非之古国都已陆沉，成了第二段所谓的those underlands，美国则日之方中，犹似二十世纪之罗马帝国。诗人身在美国，正伏在草地上晒中午的太阳，却深感冥冥之中夜色正吞噬地中海，横跨大西洋，慢慢向美国袭来。夜色，正是败亡的象征。然则美国之为现代强国，夜色出来时，不亦将随巴比伦、希腊、罗马以俱去乎？麦克里希写这首诗，一面是慨叹古来霸业之不久，一面是有以警惕美国同胞，用意很深。

最后，值得指出的是，麦诗虽亦分段，但通篇不加标点，各段的节奏亦皆均匀平稳，正可配合阴影西侵持续不断的进程，实为技巧上神来之笔。比之郭诗的浮与露，麦诗自然，深潜而含蓄，意在言外，耐人寻味得多。郭氏当然也不无三两佳作，但能达到《凤凰涅槃》那个水准的，毕竟罕见。但他认真写诗的时间很短，及至晚年，才尽之余，更屡屡写诗谀颂权贵，成为清客弄臣，而使缪斯掩面叹息。我用古典诗和西洋诗做试金石来试新诗之坚度，虽以郭沫若之诗为例，但此法当可施于一切新诗而同然。取法乎上，始能自拔于下境。新诗人要求进步，砥砺的对象不能限于新诗。新诗的批评家和史家，也不能把评估的眼光囿于近六十年。我国的新诗上承古典，旁采西洋，必焉兼究两者，新诗的来龙去脉和成败得失，才有一个通盘的认识。

——1976年11月11日

论朱自清的散文

1948年，五十一岁的朱自清以犹盛的中年病逝于北平大医院，火葬于广济寺。当时正值大变局的前夕，朱氏挚友俞平伯日后遭遇的种种，朱氏幸而得免。他遗下的诗，散文，论评，共为26册，约190万字。朱自清是五四以来重要的学者兼作家，他的批评兼论古典文学和新文学，他的诗并传新旧两体，但家喻户晓，享誉始终不衰的，却是他的散文。三十年来，《背影》、《荷塘月色》一类的散文，已经成为中学国文课本的必选之作，朱自清三个字，已经成为白话散文的代名词了。近在今年5月号的《幼狮文艺》上，王灏先生发表《风格之诞生与生命的承诺》一文，更述称朱自清的散文为“清灵澹远”。朱自清真是新文学的散文大师吗？

朱自清最有名的几篇散文该是《背影》、《荷塘月色》、《匆匆》、《春》、《温州的踪迹》、《桨声灯影里的秦淮河》。我们不妨就这几篇代表作，来讨探朱文的高下。

杨振声在《朱自清先生与现代散文》一文里，曾有这样的评语：“他文如其人，风华从朴素出来，幽默从忠厚出来，腴厚从平淡出来。”郁达夫在《新文学大系》的《现代散文导论》中说：“朱自清虽则是一个诗人，可是他的散文仍能够贮满着那一种诗意，文学研究会的散文作家中，除冰心外，文章之美，要算他了。”

朴素，忠厚，平淡，可以说是朱自清散文的本色，但是风华，幽默，腴厚的一面似乎并不平衡。朱文的风格，论腴厚也许有七八分，论风华不见得怎么突出，至于幽默，则更非他的特色。我认为朱文的心境温厚，节奏舒缓，文字清淡，绝少瑰丽，炽热，悲壮，奇拔的境界，所以咀嚼之余，总有一点中年人的味道。至于郁达夫的评语，尤其是前面的半句，恐怕还是加在徐志摩的身上，比较恰当。早在二十年代初期，朱自清虽也发表过不少新诗，1932年发表的长诗《毁灭》虽也引起文坛的注意，可是长诗也好，小诗也好，半世纪后看来，没有一首称得上佳作。像下面的这首小诗《细雨》：

　　东风里
掠过我脸边，
星呀星的细雨，
是春天的绒毛呢。

已经算是较佳的作品了。至于像《别后》的前五行：

　　我和你分手以后，
的确有了长进了！
大杯的喝酒，
整匣的抽烟，
这都是从前没有的。

不但太散文化，即以散文视之，也是平庸乏味的。相对而言，朱自清的散文里，倒有某些段落，比他的诗更富有诗意。也许我们应该倒过来，说朱自清本质上是散文家，他的诗是出于散文之笔。这情形，和徐志摩正好相反。

我说朱自清本质上是散文家，也就是说，在诗和散文之间，朱的性格与风格近于散文。一般说来，诗主感性，散文主知性，诗重顿悟，散文重理解，诗用暗示与象征，散文用直陈与明说，诗多比兴，散文多赋体，诗往往因小见大，以简驭繁，故浓缩，散文往往有头有尾，一五一十，因果关系交代得明明白白，故庞杂。

东风不与周郎便
铜雀春深锁二乔

这当然是诗句。里面尽管也有因果，但因字面并无明显交代，而知性的理路又已化成了感性的形象，所以仍然是诗。如果把因果交代清楚：

假使东风不与周郎方便
铜雀春深就要锁二乔了

句法上已经像散文，但意境仍然像诗。如果更进一步，把形象也还原为理念：

假使当年周瑜兵败于赤壁
东吴既亡，大乔小乔
就要被掳去铜雀台了

那就纯然沦为散文了。我说朱自清本质上是散文家，当然不是说朱自清没有诗的一面，只是说他的文笔理路清晰，因果关系往往交代得过分明白，略欠诗的含蓄与余韵。且以《温州的踪迹》第三篇《白水漈》为例：

几个朋友伴我游白水漈。

这也是个瀑布；但是太薄了，又太细了。有时闪着些许的白光；等你定睛看去，却又没有——只剩一片飞烟而已。从前有所谓“雾縠”，大概就是这样了。所以如此，全由于岩石中间突然空了一段；水到那里，无可凭依，凌虚飞下，便扯得又薄又细了。当那空处，最是奇迹。白光嬗为飞烟，已是影子；有时却连影子也不见。有时微风过来，用纤手挽着那影子，它便袅袅的成了一个软弧；但她的手才松，它又像橡皮带儿似的，立刻伏伏贴贴的缩回来了。我所以猜疑，或者另有双不可知的巧手，要将这些影子织成一个幻网——微风想夺了她的，她怎么肯呢？

幻网里也许织着诱惑；我的依恋便是个老大的证据。

这是朱自清有名的《白水漈》。这一段拟人格的写景文字，该是朱自清最好的美文，至少比那篇浪得盛名的《荷塘月色》高出许多。仅以文字而言，可谓圆热流利，句法自然，节奏爽口，虚字也都用得妥贴得体，并无朱文常有的那种“南人北腔”的生硬之感。瑕疵仍然不免。“瀑布”而以“个”为单位，未免太抽象太随便。“扯得又薄又细”一句，“扯”字用得太粗太重，和上下文的典雅不相称。“橡皮带儿”的明喻也嫌俗气。这些都是小疵，但更大的，甚至是致命的毛病，却在交代过分清楚，太认真了，破坏了直觉的美感。最后的一句：“幻网里也许织着诱惑；我的依恋便是个老大的证据”，画蛇添足，是一大败笔。写景的美文，而要求证因果关系，已经有点“实心眼儿”，何况还是个“老大的证据”，就太煞风景了。不过这句话还有一层毛病：如果说在求证的过程中，“诱惑”是因，“依恋”是果，何以“也许”之因竟产生“老大的证据”之果呢？照后半句的肯定语气看来，前半句应该是“幻网里定是织着诱惑”才对。

交代太清楚，分析太切实，在论文里是美德，在美文，小品文，抒情散文里，却是有碍想象分散感性经验的坏习惯。试看《荷塘月色》的第三段：

路上只我一个人，背着手踱着。这一片天地好像是我的；我也像超出了平常的自己，到了另一世界里。我爱热闹，也爱冷静；爱群居，也爱独处。像今晚上，一个人在这苍茫的月下，什么都可以想，什么都可以不想，便觉是个自由的人。白天里一定要做的事，一定要说的话，现在都可不理。这是独处的妙处；我且受用这无边的荷香月色好了。

这一段无论在文字上或思想上，都平庸无趣。里面的道理，一般中学生都说得出来，而排比的句法，刻板的节奏，更显得交代太明、转折太露，一无可取。删去这一段，于《荷塘月色》并无损失。朱自清忠厚而拘谨的个性，在为人和教学方面固然是一个优点，但在抒情散文里，过分落实，却有碍想象之飞跃、情感之激昂，“放不开”。朱文的譬喻虽多，却未见如何出色。且以溢美过甚的《荷塘月色》为例，看看朱文如何用喻：

（一）叶子出水很高，像亭亭的舞女的裙。

（二）层层的叶子中间，零星地点缀着些白花……正如一粒粒的明珠，又如碧空里的星星，又如刚出浴的美人。

（三）微风过处，送来缕缕清香，仿佛远处高楼上渺茫的歌声似的。

（四）这时候叶子与花也有一丝的颤动，像闪电般，霎时传过荷塘的那边去了。

（五）叶子本是肩并肩密密地挨着，这便宛然有了一道凝碧的波痕。

（六）月光如流水一般，静静地泻在这一片叶子和花上。

（七）叶子和花仿佛在牛乳中洗过一样；又像笼着轻纱的梦。

（八）丛生的灌木，落下参差的斑驳的黑影，峭楞楞如鬼一般。

（九）光与影有着和谐的旋律，如梵婀玲上奏着的名曲。

（十）树色一例是阴阴的，乍看像一团烟雾。

（十一）树缝里也漏着一两点灯光，没精打采的，是渴睡人的眼。

十一句中一共用了十四个譬喻，对一篇千把字的小品文说来，用喻不可谓之不密。细读之余，当可发现这些譬喻大半浮泛，轻易，阴柔，在想象上都不出色。也许第三句的譬喻较有韵味，第八句的能够寓美于丑，算是小小的例外吧。第九句用小提琴所奏的西洋名曲来喻极富中国韵味的荷塘月色，很不恰当。十四个譬喻之中，竟有十三个是明喻，要用“像”、“如”、“仿佛”、“宛然”之类的字眼来点明“喻体”和“喻依”的关系。在想象文学之中，明喻不一定不如隐喻，可是隐喻的手法毕竟要曲折，含蓄一些。朱文之浅白，这也是一个原因。唯一的例外是以睡眼状灯光的隐喻，但是并不精警，不美。

朱自清散文里的意象，除了好用明喻而趋于浅显外，还有一个特点，便是好用女性意象。前引《荷塘月色》的一、二两句里，便有两个这样的例子。这样的女性意象实在不高明，往往还有反作用，会引起庸俗的联想。“舞女的裙”一类的意象对今日读者的想象，恐怕只有负效果了吧。“美人出浴”的意象尤其糟，简直令人联想到月份牌、广告画之类的俗艳场面；至于说白莲又像明珠，又像星，又像出浴的美人，则不但一物三喻，形象太杂，焦点不准，而且三种形象都太俗滥，得来似太轻易。用喻草率，又不能发挥主题的含意，这样的譬喻只是一种装饰而已。朱氏另一篇小品《春》的末段有这么一句：“春天像小姑娘，花枝招展的，笑着，走着。”这句话的文字不但肤浅、浮泛，里面的明喻也不贴切。一般说来，小姑娘是朴素天真的，不宜状为“花枝招展”。《温州的踪迹》第二篇《绿》里，有更多的女性意象。像《荷塘月色》一样，这篇小品美文也用了许多譬喻，十四个明喻里，至少有下面这些女性意象：

她松松地皱缬着，像少妇拖着的裙幅；她轻轻地摆弄着，像跳动的初恋的处女的心；她滑滑地明亮着，像涂了“明油”一般，有鸡蛋清那样软，那样嫩，令人想着所曾触过的最嫩的皮肤……那醉人的绿呀！我若能裁你以为带，我将赠给那轻盈的舞女；她必能临风飘举了。我若能挹你以为眼，我将赠给那善歌的盲妹；她必明眸善睐了。我舍不得你；我怎舍得你呢？我用手拍着你，抚摩着你，如同一个十二三岁的小姑娘。我又掬你入口，便是吻着她了。

类似的譬喻在《桨声灯影里的秦淮河》中也有不少：

那晚月儿已瘦削了两三分。她晚妆才罢，盈盈地上了柳梢头……岸上原有三株两株的垂杨树，那柔细的枝条浴着月光，就像一支支美人的臂膊，交互的缠着，挽着；又像足月儿披着的发。而月儿也偶然从它们的交叉处偷偷窥看我们，大有小姑娘怕羞的样子……电灯的光射到水上，蜿蜒曲折，闪闪不息，正如跳舞着的仙女的臂膊。

小姑娘、处女、舞女、歌妹、少妇、美人、仙女……朱自清一写到风景，这些浅俗轻率的女性形象必然出现笔底，来装饰他的想象世界；而这些“意恋”（我不好意思说“意淫”，朱氏也没有那么大胆）的对象，不是出浴，便是起舞，总是那几个公式化的动作，令人厌倦。朱氏的田园意象大半是女性的、软性的，他的譬喻大半是明喻，一五一十，明来明去，交代得过分负责："甲如此，乙如彼，丙仿佛什么什么似的，而丁呢，又好像这般这般一样。"这种程度的技巧，节奏能慢不能快，描写则静态多于动态。朱自清的写景文，常是一幅工笔画。

这种肤浅而天真的"女性拟人格"笔法，在二十年代中国作家之间曾经流行一时，甚至到七十年代的台湾和香港，也还有一些后知后觉的作者在效颦。这一类作者幻想这就是抒情写景的美文，其实只成了半生不熟的童话。那时的散文如此，诗也不免：冰心、刘大白、俞平伯、康白情、汪静之等步泰戈尔后尘的诗文，都有这种"装小"的味道。早期新文学有异于五十年代以来的现代文学，这也是一大原因。前者爱装小，作品近于做作的童话童诗，后者的心态近于成人，不再那么满足于"卡通文艺"了。在意象上，也可以说是视觉经验上，早期的新文学是软性的，爱用女性的拟人格来形容田园景色；现代文学最忌讳的正是这种软性，女性的田园风格，纯情路线。七十年代的台湾和香港，工业化已经颇为普遍，一位真正的现代作家，在视觉经验上，不该只见杨柳而不见起重机。到了七十年代，一位读者如果仍然沉迷于冰心与朱自清的世界，就意味着他的心态仍停留在农业时代，以为只有田园经验才是美的，所以始终不能接受工业时代。这种读者的"美感胃纳"，只能吸收软的和甜的东西，但现代文学的口味却是兼容酸甜咸辣的。现代诗人郑愁予，在一般读者的心目中似乎是“纯情”的，其实他的诗颇具知性、繁复性和工业意象。《夜歌》的首段：

这时，我们的港定静了
高架起重机的长鼻指着天
恰似匹匹采食的巨象
而满天欲坠的星斗如果实

便以一个工业意象为中心。读者也许要说：“这一段的两个譬喻不也是明喻吗？何以就比朱自清高明？”不错，郑愁予用的也只是明喻，但是那两个明喻却是从第二行的隐喻引申而来的，同时，两个明喻既非拟人，更非女性，不但新鲜生动，而且富于亚热带勃发的生机，很能就地（港为基隆）取材。

朱自清的散文，有一个矛盾而有趣的现象：一方面好用女性的意象，另一方面又摆不脱自己拘谨而清苦的身份。每一位作家在自己的作品里都扮演一个角色，或演志士，或演浪子，或演隐者，或演情人，所谓风格，其实也就是“艺术人格”，而“艺术人格”愈饱满，对读者的吸引力也愈大。一般认为风格即人格，我不尽信此说。我认为作家在作品中表现的风格（亦即我所谓的“艺术人格”），往往是他真正人格的夸大、修饰、升华，甚至是补偿。无论如何，“艺术人格”应是实际人格的理想化：琐碎的变成完整，不足的变成充分，隐晦的变成鲜明。读者最向往的“艺术人格”，应是饱满而充足的；作家充满自信，读者才会相信。且以《赤壁赋》为例。在前赋之中，苏子与客纵论人生，以水月为喻，诠释生命的变即是常，说服了他的朋友。在后赋之中，苏轼能够“摄衣而上，履巉岩，披蒙茸，踞虎豹，登虬龙，攀栖鹘之危巢，俯冯夷之幽宫，盖二客不能从焉。”两赋之中，苏轼不是扮演智者，便是扮演勇者，豪放而倜傥的个性摄住了读者的心神，使读者无可抗拒地跟着他走。假如在前赋里，是客说服了苏轼，而后赋里是二客一路攀危登高，而苏轼“不能从焉”，也就是说，假使作者扮演的角色由智勇变成疑怯，“艺术人格”一变，读者仰慕追随的心情也必定荡然无存。

朱自清在散文里自塑的形象，是一位平凡的丈夫和拘谨的教师。这种风格在现实生活里也许很好，但出现在“艺术人格”里却不见得动人。《荷塘月色》的第一段，作者把自己的身分和赏月的场合交代得一清二楚；最后的一句半是：“妻在屋里拍着闰儿，迷迷糊糊地哼着眠歌。我悄悄地披了大衫，带上门出去。”全文的最后一句则是：“这样想着，猛一抬头，不觉已是自己的门前；轻轻地推门进去，什么声息也没有，妻已睡熟好久了。”这一起一结，给读者的鲜明印象是：作者是一个丈夫、父亲。这位丈夫赏月不带太太，提到太太的时候也不称她名字，只用一个家常便饭的“妻”字。这样的开场和结尾，既无破空而来之喜，又乏好处收笔之姿，未免太“柴米油盐”了一点。此外，本文的末段，从“采莲是江南的旧俗，似乎很早就有，而六朝时为盛”到“于是又记起西洲曲里的句子：采莲南塘秋，莲花过人头；低头弄莲子，莲子清如水”为止，约占全文五分之一的篇幅，都是引经据典，仍然不脱国文教员五步一注十步一解的趣味。这种趣味宜于治学，但在一篇小品美文中并不适宜。

《桨声灯影里的秦淮河》一文的后半段，描写作者在河上遇到游唱的歌妓，向他和俞平伯兜揽生意，一时窘得两位老夫子“踧踖不安”，欲就还推，终于还是调头摇手拒绝了人家。当时的情形一定很尴尬。其实古典文人面对此情此景可从容应付，不学李白“载妓随波任去留”，也可效白居易之既赏琵琶，复哀旧妓，既反映社会，复感叹人生。若是新派作家，就更放得下了，要么就坦然点唱，要么就一笑而去，也何至手足无措，进退失据？但在《桨》文里，歌妓的七板子去后，朱自清就和俞平伯正正经经讨论起自己错综复杂的矛盾心理来了。一讨论就是一千字：一面觉得狎妓不道德，一面又觉得不听歌不甘心，最后又觉得即使停船听歌，也不能算是狎妓，而拒绝了这些歌妓，又怕“使她们的希望受了伤”。朱自清说：

一个平常的人像我的，谁愿凭了理性之力去丑化未来呢？我宁愿自己骗着了。不过我的社会感性是很敏锐的；我的思力能拆穿道德律的西洋镜，而我的感情却终于被它压服着。我于是有所顾忌了，尤其是在众目昭彰的时候。道德律的力，本来是民众赋予的；在民众的面前，自然更显出它的威严了。

这种冗长而繁琐的分析，说理枯燥，文字累赘，插在写景抒情的美文里，总觉得理胜于情，颇为生硬。《前赤壁赋》虽也在游河的写景美文里纵谈哲理，却出于生动而现成的譬喻；逝水圆月，正是眼前情景，信手拈来，何等自然，而文字之美，音调之妙，说理之圆融轻盈，更是今人所难企及。浦江清在《朱自清先生传略》中盛誉《桨》文为“白话美术文的模范”。王瑶在《朱自清先生的诗和散文》中说此文“正是像鲁迅先生说的漂亮缜密的写法，尽了对旧文学示威的任务的。”两说都失之夸张，也可见新文学一般的论者所见多浅，又多么容易满足。就凭《桨声灯影里的秦淮河》与《荷塘月色》一类的散文，能向《赤壁赋》、《醉翁亭记》、《归去来辞》等古文杰作“示威”吗?

前面戏称朱、俞二位做“老夫子”，其实是不对的。《桨》文发表时，朱自清不过二十六岁；《荷》文发表时，也只得三十岁。由于作者自塑的家长加师长的形象，这些散文给人的印象，却似乎出于中年人的笔下。然而一路读下去，“少年老成”或“中年沉潜”的调子却又不能贯彻始终。例如在《桨》文里，作者刚谢绝了歌舫，论完了道德，在归航途中，不知不觉又陷入了女性意象里去了："右岸的河房里，都大开了窗户，里面亮着晃晃的电灯，电灯的光射到水上，蜿蜒曲折，闪闪不息，正如跳舞着的仙女的臂膀。我们的船已在她的臂膊里了。"在《荷》文里，作者把妻留在家里，一人出户赏月，但心中浮现的形象却尽是亭亭的舞女、出浴的美人。在《绿》文里，作者面对瀑布，也满心是少妇和处女的影子，而最露骨的表现是"我用手拍着你，抚摩着你，如同一个十二三岁的小姑娘。我又掬你入口，便是吻着她了。我送你一个名字，我从此叫你'女儿绿'，好么？"用异性的联想来影射风景，有时失却控制，甚至流于"意淫"，但在二十年代的新文学里，似乎是颇为时髦的笔法。这种笔法，在中国古典和西方文学里是罕见的。也许在朱自清当时算是一大"解放"，一小"突破"，今日读来，却嫌它庸俗而肤浅，令人有点难为情。朱自清散文的滑稽与矛盾就在这里；满纸取喻不是舞女便是歌姝，一旦面临实际的歌妓，却又手足无措；足见众多女性的意象，不是机械化的美感反应，便是压抑了的欲望之浮现。

朱文的另一瑕疵便是伤感滥情（sentimentalism），这当然也只是早期新文学病态之一例。当时的诗文常爱滥发感叹，《绿》里就有这样的句子："那醉人的绿呀！仿佛一张极大极大的荷叶铺着，满是奇异的绿呀。我想张开两臂抱住她；但这是怎样一个妄想呀。"其后尚有许多呢呢呀呀的句子，恕我不能全录。《背影》一文久有散文佳作之誉，其实不无瑕疵，其一便是失之伤感。短短千把字的小品里，作者便流了四次眼泪，也未免太多了一点。时至今日，一个二十岁的大男孩是不是还要父亲这么照顾，而面临离别，是不是这么容易流泪，我很怀疑。我认为，今日的少年应该多读一点坚毅豪壮的作品，不必再三诵读这么哀伤的文章。

最后我想谈朱自清的文字。大致说来，他的文字朴实清畅，不尚矜持，誉者已多，无须赘述，但是缺点亦复不少，败笔在所难免。朱自清在白话文的创作上是一位纯粹论者，他主张“在写白话文的时候，对于说话，不得不作一番洗炼工夫……渣滓洗去了，炼得比平常说话精粹了，然而还是说话（这就是说，一些字眼还是口头的字眼，一些语调还是口头的语调，不然，写下来就不成其为白话文了）；依据这种说话写下来的，才是理想的白话文。”这是朱氏在《精读指导举隅》一书中评论《我所知道的康桥》时所发的一番议论[①]。接下去朱氏又说：“如果白话文里有了非白话的（就是口头没有这样说法的）成分，这就体例说是不纯粹，就效果说，将引起读者念与听的时候的不快之感……白话文里用入文言的字眼，实在足不很适当的足以减少效果的办法……在初期的白话文差不多都有；因为一般作者文言的教养素深，而又没有要写纯粹的白话文的自觉。但是，理想的白话文是纯粹的，现在与将来的白话文的写

① 一说为叶绍钧之论，唯香港中学之中国文学课本置于朱自清名下。《精读指导举隅》与《略读指导举隅》等书，是朱、叶合著，故难分彼此。不过两人在白话文的纯粹观上，大体是一致的，评叶即所以评朱。

作是要把写得纯粹作目标的。”最后，朱氏稍稍让步，说文言要入白话文，须以“引用原文”为条件；例如在“从前董仲舒有句话说道：‘正其义不谋其利，明其道不计其功’”一句之中，董仲舒的原文是引用，所以是“合法”的。

这种白话文的纯粹观，直到今日，仍为不少散文作家所崇奉，可是我要指出，这种纯粹观以笔就口，口所不出，笔亦不容，实在是划地为牢，大大削弱了新散文的力量。文言的优点，例如对仗的匀称、平仄的和谐、词藻的丰美、句法的精炼，都被放逐在白话文外，也就难怪某些“纯粹白话”的作品，句法有多累赘、词藻有多寒伧、节奏有多单调乏味了。十四年前，在《凤·鸦·鹑》一文里，我就说过，如果认定文言已死，白话万能，则“啭”、“吠”、“唳”、“呦”、“嘶”等字眼一概放逐，只能说“鸟叫”、“狗叫”、“鹤叫”、“鹿叫”、“马叫”，岂不单调死人？

早期新文学的幼稚肤浅，有一部分是来自语言，来自张口见喉虚字连篇的“大白话”。文学革命把“之乎者也”革掉了，却引来了大量的“的了着哩”。这些新文艺腔的虚字，如果恰如其分，出现在话剧和小说的对话里，当然是生动自如的，但是学者和作家意犹未尽，不但在所有作品里大量使用，甚至在论文里也一再滥施，遂令原应简洁的文章，沦为浪费唇舌的叽哩咕噜。朱自清、叶绍钧等纯粹论者还嫌这不够，认为“现在与将来的白话文”应该更求纯粹。他们所谓的纯粹，便是笔下向口头尽量看齐。其实，白话文可以分成两类，一类是拿来朗诵或宣读用的，那当然不妨尽量口语化，另一类是拿来阅读的，那就不必担心是否能够立刻入于耳而会于心。散文创作属于第二类，实在不应受制于纯粹论。

朱自清在白话文上既信奉纯粹论，他的散文便往往流于浅白、累赘，有时还有点欧化倾向，甚至文白夹杂。试看下面的几个例子：

（一）有些新的词汇新的语式得给予时间让它们或教它们上口。这些新的词汇和语式，给予了充足的时间，自然就会上口；可是如果加以诵读教学的帮助，需要的时间会少些。（《诵读教学与“文学的国语”人》）

（二）我所以张皇失措而觉着恐怖者，因为那骄傲我的，践踏我的，不是别人，只是一个十来岁的“白种的”孩子！（《白种人——上帝之骄子》）

（三）桥砖是深褐色，表明它的历史的长久。（《桨声灯影里的秦淮河》）

（四）我的心立刻放下，如释了重负一般。（同上）

（五）大中桥外，本来还有一座复成桥，是船夫口中的我们的游踪尽处。（同上）

（六）弯弯的杨柳的稀疏的倩影（《荷塘月色》）

这些例句全有毛病。例一的句法欧化而夹缠：两个“它们”，两个

“给予时间”，都是可怕的欧化；后面那句“加以某某的帮助”也有点生硬。例二的“所以……而……者”原是文言句法，插入口语的“觉着”，乃沦为文白夹杂，声调也很刺耳。其实“者”字是多余的。例三用抽象名词“长久”做“表明”的受词，乃欧化文法。“他昨天不来，令我不快”是中文；“他昨天的不来，引起了我的不快”便是欧化。例三原可写成“桥砖深褐色，显示悠久的历史”，或者“桥砖深褐，显然历史已久”。例四前后重复，后半硬把四字成语捶薄、拉长，反为不美。例五的后半段，欧化得十分混杂，毛病很大。两个形容片语和句末名词之间，关系交代不清；船还没到的地方，就说是“游踪”，也有语病。如果改为“船夫原说游到那边为止”或者“船夫说，那是我们游河的尽头”，就顺利易懂了。例六之病一目了然：一路乱“的”下去，谁形容谁，也看不清。一连串三、四个形容词，漫无秩序地堆在一个名词上面，句法僵硬，节奏刻板，是早期新文学造句的一大毛病。福罗贝尔所云：“形容词乃名词之死敌”，值得一切作家仔细玩味。除了三、五位真有自觉的高手之外，绝大部分的作家都不免这种缺陷。朱自清也欠缺这种自觉。

于是桨声汩——汩，我们开始领略那晃荡着蔷薇色的历史的秦淮河的滋味了。

这正是《桨声灯影里的秦淮河》首段的末句。仔细分析，才发现朱自清和俞平伯领略的“滋味”是“秦淮河的滋味”，而秦淮河正晃荡着一样东西，那便是“历史”，什么样的“历史”呢？“蔷薇色的历史”。这真是莫须有的繁琐，自讨苦吃。但是这样的句子，不但繁琐，恐怕还有点暧昧，因为它可能不止一种读法。我们可以读成：我们开始领略那“晃荡着蔷薇色的历史”的“秦淮河”的“滋味”了。也可以读成：我们开始领略那“晃荡着蔷薇色”的“历史的秦淮河”的“滋味”了。总之是繁琐而不曲折，很是困人。

我与父亲不相见已二年余了。

《背影》开篇第一句就不稳妥。以父亲为主题，但开篇就先说“我”，至少在潜意识上有“夺主”之嫌。“我与父亲不相见”，不但“平视”父亲，而且“文”得不必要。“二年余”也太文、太哑。朱自清倡导的纯粹白话，在此至少是一败笔。换了今日的散文家，大概会写成：

不见父亲已经两年多了。

不但洗净了文白夹杂，而且化解了西洋语法所赖的主词，“我”，句子更像中文，语气也不那么僭越了。典型的中文句子，主词如果是“我”，往往省去了，反而显得浑无形迹，灵活而干净。

床前明月光，
疑是地上霜：
举头望明月，
低头思故乡。

用新文学欧化句法来写，大概会变成：

床前明月的光啊，
我疑是地上的霜呢！
我举头望着那明月，
我低头想着故乡哩！

这样子的欧化在朱文中常可见到。请看《桨》文的最后几句：

黑暗重复落在我们面前，我们看见傍岸的空船上一星两星的，枯燥无力又摇摇不定的灯光。我们的梦醒了，我们知道就要上岸了；我们心里充满了幻灭的情思。

短短两句话里，竟连用了五个“我们”，多用代名词，正是欧化的现象。读者如有兴趣，不妨去数一数《桨》文里究竟有多少“我们”和“它们”。前引这两句话里，第二句实在平凡无力：用这么抽象的自白句结束一篇抒情散文，可谓余韵尽失，拙于收笔。第一句中，“我们看见傍岸的空船上一星两星的，枯燥无力又摇摇不定的灯光”，是一个“前饰句”：动词“看见”和受词“灯光”之间，夹了“傍岸的空船上（的）”，“一星两星的”，“枯燥无力（的）”，“摇摇不定的”四个形容词；因为所有的形容词都放在名词前面，我称之为“前饰句”。早期的新文学作家里，至少有一半陷在冗长繁琐的“前饰句”中，不能自拔。朱自清的情形还不严重。如果上述之句改成“我们看见傍岸的空船上一星两星的灯光，枯燥无力，摇摇不定”，则“前饰的”（pre-descriptive）形容词里至少有两个因换位而变质，成了“后饰的”（post-descriptive）形容词了。中文句法负担不起太多的前饰形容词，古文里多是后饰句，绝少前饰句。《史记》的句子：

广为人长，猿臂，其善射亦天性也。

到了新文学早期作家笔下，很可能变成一个冗长的前饰句：

李广是一个高个子的臂长如猿的天生善于射箭的英雄。

典型的中文句法，原很松动、自由，富于弹性，一旦欧化成为前饰句，就变得僵硬，死板、公式化了。散文如此，诗更严重。在新诗人中，论中文的蹩脚、句法的累赘，很少人比得上艾青。他的诗句几乎全是前饰句；类似下例的句子，在他的诗里俯拾皆是：

我呆呆地看檐头的写着我不认得的“天伦叙乐”的匾，
我摸着新换上的衣服的丝的和贝壳的钮扣，
我看着母亲怀里的不熟识的妹妹，
我坐着油漆过的安了火钵的坑凳，
我吃着碾了三番的白米的饭，[①]

朱自清在《诵读教学》一文里说：“欧化是中国现代文化的一般动向，写作的欧化是跟一般文化配合着的。欧化自然难免有时候过分，但是这八九年来在写作方面的欧化似乎已经能够适可而止了。”他对于中文的欧化，似乎乐观而姑息。以他在文坛的地位而有这种论调，是不幸的。在另一篇文章里[②]，他似乎还支持鲁迅的欧化主张，说鲁迅“赞成语言的欧化而反对刘半农先生‘归真反

① 摘自艾青的长诗《大堰河——我的褓姆》。艾青之诗毛病甚多，当另文专论之。

② 《鲁迅先生的中国语文观》，见《朱自清文集》637页。

朴'的主张。他说欧化文法侵入中国白话的大原因不是好奇，乃是必要。要话说得精密，固有的白话不够用，就只得采取些外国的句法。这些句法比较难懂，不像茶泡饭似的可以一口吞下去，但补偿这缺点的是精密。"鲁迅的论调可以说以偏概全，似是而非。欧化得来的那一点"精密"的幻觉，能否补偿随之而来的累赘与繁琐，大有问题；而所谓"精密"是否真是精密，也尚待讨论。就算欧化果能带来精密，这种精密究竟应该限于论述文，或是也宜于抒情文，仍须慎加考虑。同时，所谓欧化也有善性恶性之分。"善性欧化"在高手笔下，或许能增加中文的弹性，但是"恶性欧化"是必然会损害中文的。"善性欧化"是欧而化之，"恶性欧化"是欧而不化。这层利害关系，早期新文学作家，包括朱自清，都很少仔细分辨。到了艾青，"恶性欧化"之病已经很深。

"秦淮河里的船，比北京万生园，颐和园的船好，比西湖的船好，比扬州瘦西湖的船也好。"这种流水账的句法，是浅白散漫，不是什么腴厚不腴厚。船在"河里"，也有语病，平常是说"河上"的。就凭了这样的句子，《桨声灯影里的秦淮河》能称为"白语美术文的模范"吗？就凭这样的一二十篇散文，朱自清能称为散文大家吗？我的评断是否定的。只能说，朱自清是二十年代一位优秀的散文家：他的风格温厚、诚恳、沉静，这一点看来容易，许多作家却难以达到。他的观察颇为精细，宜于静态的描述，可是想象不够充沛，所以写景之文近于工笔，欠缺开阖吞吐之势。他的节奏慢、调门平、情绪稳，境界是和风细雨，不是苏海韩潮。他的章法有条不紊，堪称扎实，可是大致平起平落，顺序发展，很少采用逆序和旁敲侧云柳暗花明的手法。他的句法变化少，有时嫌太俚俗繁琐，且带点欧化。他的譬喻过分明显，形象的取材过分狭隘，至于感性，则仍停留在农业时代，太软太旧。他的创作岁月，无论写诗或是散文，都很短暂，产量不丰，变化不多。

用古文大家的水准和分量来衡量，朱自清还够不上大师。置于近三十年来新一代散文家之列，他的背影也已经不高大了，在散文艺术的各方面，都有新秀跨越了前贤。朱自清仍是一位重要的作家。可是作家的重要性原有“历史的”和“艺术的”两种。例如胡适之于新文学，重要性大半是历史的开创，不是艺术的成就。朱自清的艺术成就当然高些，但事过境迁，他的历史意义已经重于艺术价值了。他的神龛，无论多高多低，都应该设在二三十年代，且留在那里。今日的文坛上，仍有不少新文学的老信徒，数十年如一日那样在追着他的背影，那真是认庙不认神了。一般人对文学的兴趣，原来也只是逛逛庙，至于神灵不灵，就不想追究了。

——1977年6月24日

第四辑 ——

庐山面目纵横看

——评丛树版英译《中国文学选集》

中国古典文学的英译，从翟理斯的《中国文学史》到现在，已经有半个世纪的历史，论质论量，可说都不理想。文化背景迥异，语言结构不同，中国古典作品的英译，先天上已经难关重重，不易讨好。像“感时花溅泪，恨别鸟惊心”这样的诗句，文法暧昧，歧义四出，难有定解，当然难有定译。可是也有不少英译，所以令人遗憾，并非天意难回，而是人力未尽。说得简单一点，就是译者的中文程度不够，而又不肯查书或问人。至于师心自用，臆测妄猜，竟尔轻下译笔的，也大有人在。因此英译的水准极为悬殊。最理想的译法，应该是中外的学者作家两相合作，中国人的中文理解力配上英美人英文的表达力，当可无往不利。庞德要是请梁启超做翻译顾问，该有多好。问题在于两人如何交谈。

加州大学东方语文系主任白芝主编的《中国文学选集》[①]，自从

① Anthology of Chinese Literature: from early times to the fourteenth century, edited by Cyril Birch, Grove Press, 1965.

1965年出版以来，曾经美国多家大学采用，影响颇大。我在美国讲授中国古典文学，也用它做课本，不是因为它有多好，而是因为别无可用之书。这本选集虽是新书，选的译文却新旧参半。课文是新是旧，原无所谓，只是水准高低参差，其尤下者，谬误既多，文字亦欠佳。我对整部《中国文学选集》的评价是：瑜中多瑕，慎予选用。

在编辑的体例和作品的选择上，本书大致尚称稳妥。比例失调之处仍复不少。以诗而言，《诗经》入选33篇，乐府则全然未选。编者把魏晋南北朝三百年称为“分裂时期”，另成一章，大诗人曹植之诗一篇未选，诗僧寒山的作品却收了24首。寒山的诗先后经过魏里、史耐德（Gary Snyder）、华兹生（Burton Watson）三人的译介，颇合嬉皮口味，在英美甚为流行。尽管如此，一部中国古典选集，有寒山而无曹植，是说不过去的。据说梁实秋先生正用中文写一部英国文学史。如果他在书中大谈王尔德，而于斯宾塞一字不提，那样的英国文学史，能令人接受吗？同时，寒山明明是唐贞观时的高僧，不置于唐，竟置于魏晋南北朝，且使前有鲍照（公元五世纪），后有陆机（公元三世纪），也是令人难以接受的事。

唐诗的安排也不很令人满意。例如李贺，在《唐诗三百首》里竟无一首，固然不对，在这部《中国文学选集》里李贺一口气选了六首，而孟浩然、韦应物、杜牧竟未列名，显然也是轻重倒置。孟、韦以淡远取胜，自然不如秾丽的李贺、李商隐易为外国读者欣赏。宋词选得也很偏。大词家如周邦彦、辛弃疾、姜夔等一首都没有，但二、三流的角色如鹿虔扆、阎选、毛熙震等，却都入选。薛昭蕴也入选，但是误译为谢昭蕴（Hsieh Chao-Yün）。宋诗之盛，只选了一位范成大。陆游之名，既不见于宋诗，也不见于宋词，可谓怪事。

以上是编排毛病的部分例证，也许编者会自圆其说，说现成的佳译难求，免不了挂一漏万。其实现成的佳译虽然不多，也不如编者想象的那么罕见，只要他肯虚心求贤，广为搜辑，这部《中国文学选集》的译文水准，当会更高。本书译文出于23人之手，其中只有五位是中国人，且皆旅居海外。台湾和香港两地，邃于汉学的英译高手大有人在，尽成遗珠，未免可惜。

人选的英美译者凡18位。其中如格瑞安（A.C.Graham）、霍克司（David Hawkes）、海涛尔（J.R.Hightower）、赖道德（J.K.Rideout）及华兹生等，都是此中高人，即有小疵，也不掩大瑜。霍克司译的《离骚》，华兹生译的《李将军列传》，信实、流畅，整洁而有文采，堪称此道典范，比起汉学英译大家魏里来，可谓进一大步。最显赫的名字当然是庞德。论创作，他是大诗人，连艾略特也以师兄相视。论汉诗英译，他的可读性自然很高，可靠性却很低。《诗经》古拙天然的风味，一到庞德笔下，伸之缩之，扭且曲之，都成了意象派自由体仿古的调调儿，只能算是一位西方大诗人面对《诗经》，感发兴起的摹拟之作吧，拿来当作信实的翻译，无论如何是不称职的。兹以小雅《何草不黄》为例：

何草不黄?
何日不行?
何人不将,
经营四方?

何草不玄?
何人不矜?
哀我征夫,
独为匪民。

匪寺匪虎,
率彼旷野。
哀我征夫,
朝夕不暇。

有芃者狐,
率彼幽草;
有栈之车,
行彼周道。

Yellow, withered all flowers, no day without its march,

Who is not altered?
Web of agenda over the whole four coigns.

Black dead the flowers,
No man unpitiable.
Woe to the levies,
Are we not human?

Rhinos and tigers might do it, drag it out
Over these desolate fields, over the sun-baked waste.

Woe to the levies,
Morning and evening no rest.
Fox hath his fur, he hath shelter in valley grass,
Going the Chou Road, our wagons our hearses, we pass.

庞德的英译，无论在形式上或意义上，都很不忠实。原文句法整齐，韵律铿锵；译文每段行数不一，句法长短出入很大，除末二行以外，全不押韵，至于中间稍顿的四言节奏，当然更看不出来。译文第一行在原文里明明是两句，如果在flowers后面就转行，可谓轻而易举，硬要拉得那么长，毫无道理。译文第二段四行均短，短得只剩五六个音节，比起第一行的十二个音节来，简直不成比例。《诗经》的句法短而整齐，偶有变化，也不会远离四言的基调。庞德身为中世纪文学的行家，岂有不知民歌原则之理？试看英国古代抒情歌谣和叙事歌谣，哪一首不是长短适中、句法平衡，便于歌者换气？

庞德的译文是从日译转手，走样在所难免[①]，可是文义的误解实在太多了。“草”译为“花”已经不妥，“将”译为altered（改变）出入更大。“经营四方”译成Web of agenda over the Whole four coigns也嫌做作。南北为经，东西为营；直行为经，周行为营。“经营”无非四方往来奔走之意，庞德显然误解，以为纵横织布，经纬相交，所以说成“事繁如织，网牵四隅”。“不矜”是不生病的意思，译成unpitiable也不妥当。译文第三段前两行，当作创作也不算好句，当作翻译谬误更多，might do it和over the sun-baked waste全系添足之举。“幽草”译成“谷中之草”，不对。“周道”乃大道之意，误为“周代之道路”。“有栈之车”竟变成“我们的货车（有如）柩车”，更不应该。总之，庞德英译《诗经》有点英雄欺人，只能视同拟古之作。

高明的译者偶尔也难免失手，情有可原。例如海涛尔译的《报任少卿书》，其中有“同子参乘，袁丝变色”一句，英译When T'ung-tzu shared the emperor's chariot, Yüan Ssu blushed。此地

① 叶芝就说庞德是“一位才气横溢的即兴诗人，面对一篇佚名的希腊杰作，边看边译。”庞德译《诗经》，就是这种味道。

的“同子”并非人名，而是“同名之人”的意思。司马迁之父为司马谈，而与汉文帝同车的宦官叫赵谈，所以讳称“同子”。因此应该译作my father's namesake或径译CHao T'an以便西方读者。同时，“变色”也不可译成“脸红”。

陶潜《责子诗》中的两句：“阿宣行志学，而不爱文术”，在艾克尔（William Acker）的译文里成为Ah-hsuan tries his best to learn \ But does not really love the arts。“行志学”是“快要十五岁了”的意思，典出论语“吾十有五，而志于学”。艾克尔没有看出来，乃译作“努力学习”了。同样地，把“悠然见南山”译作And gaze afar towards the Southern mountains，也未能传神。原来是无意间瞥见南山，竟而看出了神，在译文中成为有意眺望，诗味大减。至于“尘网”译作dusty net，也欠妥。英文dust有死亡之意，和中文的“尘网”、“尘世”、“尘寰”等等适为相反，易招误解。

格瑞安译的前后《赤壁赋》，大体上说来，文笔清雅，堪称力译。毛病不是没有。例如“望美人兮天一方”句之“美人”，只译the girl，未免太坦俗。“余音袅袅，不绝如缕，舞幽壑之潜蛟，泣孤舟之嫠妇”诸句的英译是the Wavering resonance lingered, a thread of sound which did not snap off, till the dragons underwater danced in the black depths, and a widow wept in our lonely boat，文学作品里发生的事情，有虚有实，虚者实之，实者虚之，高妙的境界往往就在虚实之间。此地的蛟舞妇泣是虚拟，正如前文的冯虚御风，羽化登仙是假想的一样。后文不用“如”、“似”之类的字眼标示出来，译者遂将潜蛟幽舞嫠妇孤泣当作真事处理，这就是想象坐实之病，常为西方译者所犯。其实仅仅坐实，也不为大病，可是格瑞安把“泣孤舟之嫠妇”译成“一位寡妇在我们的孤舟上哭了起来”，却是大错。译者把想象之中的孤舟和东坡与客共泛之舟，也就是前文所谓的“一苇”，混为一谈，因而把嫠妇也搬到东坡先生的船上去了。试想苏子与客泛舟，带一位寡妇干什么？几个男人和一位寡妇“相与枕藉乎舟中”，在北宋时代可能吗？

“方其破荆州，下江陵，顺流而东也”译为At the time when he smote Ching-chou and came eastwards with the current down from Chiang-ling也错了。此地的“下”字就是“破”、“陷”的意思，正如《史记》所说：“吾攻赵，旦暮且下。”译文的意思却成了“从江陵顺流东下”了。至于“固一世之雄也，而今安在哉？况吾与子渔樵于江渚之上，侣鱼虾而友麋鹿”一段，则被译者误解为“固一世之雄也，而今安在哉？况吾与子？渔樵于江渚之上……”（……truly he was the hero of his age, but where is he now? And what are you and I compared with him? Fishermen and woodcutters on the river's isle……）我国的古文讲究的就是神完气畅，东坡行云流水的文笔，绝对不会此地来一个急煞车的短句“况吾与子”。此地的“渔樵”，正如后文的“侣”、“友”、“驾”、“举”等字眼，全是承接“吾与子”而来的一连串动词。格瑞安把“况吾与子”和下文一切两断，乃使后面的一大段，从“渔樵于江渚之上”一直到“托遗响于悲风”，陷于群龙无首之境。

英美学者译中国文学，好处是踏实，不轻易放过片言只字，缺点往往也就在这里，由于字字着力，反而拘于字面，错呢不能算错，可惜死心眼儿。例如“天地之间，物各有主”一句，译成each thing between heaven and earth has its owner，就未免太“直译”了。“相与枕藉乎舟中”译成we leaned pillowed back to back in the middle of the boat,，也很不妥。“舟中”其实只是“船里”的意思，不必说成“舟之中央”，因为“一苇”之舟也无所谓中央不中央了。同样地，“相与枕藉”也无非是说“横七竖八地靠在一块儿睡”，不必那么字字拘泥，译成“背靠背地相倚相枕”。《后赤壁赋》中的句子：“曾日月之几何，而江山不可复识矣”格瑞安译成even after so few months and days river and mountains were no longer recognisable，也是太泥于字面。“江山”直译，倒也罢了，“日月”也直译却很别扭。前后《赤壁赋》相去不过三月，所以“曾日月之几何”译成even after a few months便可，不必直译作“才过了短短几个月和几天”。中文里的“日月”一词，用在“日月如梭”、“日就月将”、“日积月累”等等成语里，等于“时间”的代词，绝无“几天几月”的意思，正如“岁月”一词也只是泛指光阴，不能动辄译为Years and moths吧。

“适有孤鹤，横江东来”一句，译作Just then a single crane

came from the east across the river，是对的。孤鹤来自东岸，“掠予舟而西也”，甚合情理。有一本《古文观止》把“横江东来”语译成“横江朝东边飞来”，恐怕是错了[1]。可是格瑞安把“掠予舟而西也”译成it dived at our boat and flew on westwards，则又不妥，因为dive是“俯冲”，不是“掠”。

综而观之，格瑞安译的前后《赤壁赋》，文笔不恶，成绩可观。这样高妙的神品，对翻译的能手实在是一大考验。细读前后二赋，当可发现由于季节变化，江山改观，作者的心境亦前后相异。表现在作品风格上的，是前赋句法舒缓，韵律开朗，造境空灵，后赋句法紧促，韵律低抑，造境怪异，有超现实意味。表现在哲理上的，是前赋旷达，后赋悲怅。前赋才夷然说过：“自其不变者而观之，则物与我皆无尽也，而又何羡乎？”后赋竟又喟叹：“曾日月之几何，而江山不可复识矣！”这岂不是前赋所说的“自其变者而观之”吗？两赋破题都平实无奇，但结句都是神来之笔，余韵不绝。毕竟心情不同，所以前篇一结天下大白，始于夜游，终于晓寤，而后篇一结惘然自失，始于夜而终于夜，始于不识江山而终于不见其处。另一对照则表现在叙事的角度上：前赋叙事是用第三人称，后赋则用第一人称。前者感觉较为悠远从容，所以主客可以相对清谈，后者逼近而切身，所以动作多而对话少。不过中文句法常

① 见三民书局版，谢冰莹、林明波、丘燮友、左松超联合编译的《古文观止》659页。

常省去主词，因此前赋表面上虽以苏子为第三人称，但是遇到像“举酒属客”之类的“无头句”，还是有点第一人称的感觉。中文暧昧得可爱，就在这里。李白的《赠汪伦》也是这样：

李白乘舟将欲行，忽闻岸上踏歌声。
桃花潭水深千尺，不及汪伦送我情。

起句径用李白之名，似乎这是第三人称的客观叙事，结句感情升到高潮，竟急转直下，变成第一人称的主观抒情。这种人称的转换，在英诗之中似乎从未一见。《前赤壁赋》里的苏子，在格瑞安的译文里一律改为第一人称，因此在感觉上和《后赤壁赋》并不能形成对照。同样地，我在前面列举前后两赋的种种对比，在英译里都难以表现出来。例如后赋“履巉岩，披蒙茸，踞虎豹，登虬龙”四句，结构相同，给人一种快速跳镜的动感。格瑞安的译文是Treading on the steep rocks, parting the dense thickets, I squatted on stones shaped like tigers and leopards, climbed twisted pines like undulating dragons, 。英译已经很好，但是四个动词主客异势，分量不像中文里那么平衡。主词“我”更为中文所无。同时中文的“虎豹”与“虬龙”是虚象实用，妙处全在似幻似真之间，英译作“蹲在形如虎豹的石上，爬上形如蟠龙的曲松”，表里虚实判然，味道当然大减。事实上，中文语法最大的特质，对称与平衡，一到英文里面，往往无法保存。例如“清风徐来，水波不兴”在格瑞安的英译里就成了A cool wind blew gently, Without stading a ripple，确是佳译，但是后一句成了前一句的附庸，不再对等了。这当然不能怪译者，实际上再高明的译者往往也为之束手。我这么说，只是想指出，中英文的语法在先天上常常凿枘难合，不是在意义上，而是在风格上，这真是莫可奈何的事。

宾纳（Witter Bynner）的翻译尚称流畅，但不够精细，每有谬误。例如在《长恨歌》里，他就把“六宫粉黛无颜色”译成And the powder and paint of the Six Palaces faded into nothing，这也是犯了译字而不译词的通病。同样地，“九重城阙烟尘生”译成The Forbidden City, the nine-tiered palace loomed in the dust……也太拘泥了。帝阍重重深闭，九重不过极言甚多，译成“九叠宫殿”，令人误解是楼高九层。“宛转蛾眉马前死”译作（The men of the army stopped, not one of them would stir）\Till under their horses, hoofs they might trample those eye-brows，也很不妥。此地“马前”不过是指明皇车驾，亦即后文所谓“龙驭”，充其量是说当着兵士之面死去（事实上是缢杀佛堂之内），断断不可译成“马践蛾眉”。同时贵妃在这句诗里是真的死了，在译文里却是六军要她死。“宛转”极言临缢挣扎之苦，是很传神的字眼，译文根本未译。稍后的“云栈萦纡登剑阁。峨嵋山下少人行”原来是不相联贯的两句，译文却成为

At the cleft of the Dagger-Tower Trail they crisscrossed through a cloud-line

Under O-mei Mountain. The last few came.

这是大错，译者把“峨嵋山下少人行”断为两句，把前面的一半强行并进文义既不相属地理更不相接的“云栈萦纡登剑阁”里去，直译回来，成为

在剑阁小径的隘口他们曲折走过

峨嵋山下的云索。殿后的少数人马也到了。

白居易把幸蜀行旅写到峨嵋山下，已经太远，宾纳错得更加严重。宾纳译了这么多唐诗，应该知道中国古典诗句绝少像英诗那样跨行，更无行中断句之理。此外，“少人行”也译走了样。“圣主朝朝暮暮情”译为So changeless was his majesty's love and deeper than the days也不恰当。所谓“朝朝暮暮情”，除了日夕思念之外，还有宋玉朝云暮雨的联想，译文只有情久益深之意，失之笼统。“椒房阿监青娥老”中的青娥是指宫女，译者误为清淡的眉毛，竟译成And the eunuchs thin-eyebrowed in her Court of Pepper-Trees（“椒房宫中的太监眉毛都老稀了”）。

“临邛道士鸿都客，能以精诚致魂魄，为感君王展转思，遂教方士殷勤觅”四句，在宾纳的英译中是：

At Ling-ch'un lived a Taoist priest who was a guest of heaven,
Able to summon spirits by his concentrated mind.
And people were so moved by the Emperor's constant brooding
That they besought the Taoist priest to see if he could find her.

此地的people如作“人民”解（译文中显然如此），就大错特错。安史劫余，黎民自哀之不暇，哪有闲情去管明皇的爱情？中国诗里省去主词的“无头句”，再度令译者猜测为难。我认为此地“为感”与“遂教”两句的主词可能有两解：其一是两句主词不同，即道士感于君王之诚，君王遂教道士寻觅。其二是两句主词一致，即道士为感君王之诚，于是为君王殷勤寻觅，“遂教”可作“使得”解，意思正如“遂令天下父母心”句之“遂令”；或谓明皇左右侍臣为感君主之诚，乃命道士殷勤寻觅。中国古典英译之难，往往不在有形的词句，而在无形的文法：省去的部分，译者必须善加揣摩，才能妥为填补。后面的一句“蓬莱宫中日月长”，宾纳译为And moons and dawns had become long in Fairy-Mountain Palace，直译的情形和格瑞安的even after so few months and days（曾日月之几何）很相似。我在前文已经指出，“日月”只是“时间”的代用词。在英文修辞学里，这种手法叫做换喻（metonymy），例如以皇冠喻帝王，以盐或焦油喻水手都是。中文里的须眉、红颜、心腹、骨肉、肝胆、耳目、手足等等也属于这一类。这些代用语全是英译的难题，因为在中国人的感觉里，习用太久，它们已经成为近乎抽象的名词，可是对于西方的读者，它们仍是非常鲜活的形象，“具体性”很高，要但取其意而遗其形，实在很难。这也是中国人和西方人从事中国古典英译的一大差别：遇到“日月”，中国人大概只译其意（time）西方人往往直译其物（sun and moon 或days and months）。其实蓬莱岁月就是神仙的日子，也就是永恒。因此“蓬莱宫中日月长”不妨译成And eternity dragged on in Fairy-Mountain Palace。就算一定要保留“具体性”吧，恐怕noons and moons也要比moon and dawns好些。[①]

艾克尔的译文亦失之粗疏。例如李白《月下独酌》之二，艾克尔是这样英译的：

If Heaven itself did not love wine,
Then no Wine Star would shine in the sky.
And if Earth also did not love wine,

① 这样的手法，岂不是有点狄伦·托马斯的味道？汤默斯在《薇山》中就有all the sun long与all the sun long与all the moon long一类的句子。

Earth would have no such place as Wine Fountain.
Have I not heard that pure wine makes a sage,
And even muddy wine can make a man wise?
If wise men and sages are already drinkers,
What is the use of seeking gods and fairies?
With three cups I understand the great Way,
With one jar I am one with Nature.
Only, the perceptions that one has while drunk
Cannot he transmitted after one is sober.

天若不爱酒，酒星不在天。
地若不爱酒，地应无酒泉。
天地既爱酒，爱酒不愧天。
已闻清比圣，复道浊如贤，
圣贤既已饮，何必求神仙？
三杯通大道，一斗合自然；
但得醉中趣，勿为醒者传。

两相对照，当可发现英译错得很多。例如“天地既爱酒，爱酒不愧天”两句，根本漏译了。短短十四行竟漏掉两行，等于少了七分之一。“三杯通大道”两句不能算译错，但也没有传神。不妨译为Three cups lead right to the great Way; \One jar merges me with Nature，当然这也说不上传神。末二句的英译再译成中文，就成了“只是一个人醉时的种种感觉，无法在醒后向人述说”，和李白原意出入很大。《月下独酌》之三句云：“穷通与修短，造化夙所禀。一樽齐死生，万事固难审。”艾克尔的英译是

Infinite things as well as short and long
Alike have early been offered us by Creation
A single cup may rank with life and death,
The myriad things are truly hard to fathom.

此地“穷通”与“修短”是相对之词：“穷通”是贫贱与显达，指宦途；“修短”是长寿与短命，指年寿。“穷通与修短”勉强可译为failure and success, short life and longevity或者luck of career and span of life。无论如何，“穷通”在此不应作“穷理通变”解，所以译infinite things（无穷的事物）是不对的。何况后文的“万事”又译作the myriad things令人有词汇贫乏之感。“一樽齐死生”是接前文“修短”来的，意谓有酒便足，醉中遑论寿夭生死，正如王羲之所说的，“修短随化”，听天由命吧。译文作A single cup ranks life with deathand death（一樽酒与生死等量齐观，或者，一樽酒和生死同样重要），与原意不符；如果稍稍更动

一下，变成A single cup ranks life with death，就接近原意了。

郭长城与麦克休（Vincent McHugh）合译的诗，在排列的形式上把典雅工整的中国诗割裂过甚，几乎像现代诗人康明思的诗行。这且不去说它，可是误译之处却不容忽视。例如李白《夜泊牛渚怀古》的颈联："余亦能高咏，斯人不可闻"，他们的合译是：

I also
    can make poetry
but that man's like
                will not be found again

李白在此地用的是袁宏江上咏声动谢尚的典故，所以"咏"和"闻"相为呼应，乃实写，应直译，才够戏剧化。译文使生动的变成呆板，索然乏味。同样地，王维的《渭城曲》末二句译成：

I summon you:
Drink one more cup
No old friends, my friend
When you start westward
                    for Yang Kuan

也是大错。原文是“西出阳关无故人”，译文竟误为“西去阳关无故人”了，相去不可以道里计。至于“劝君”译作（我命你），也与原意相反。

最后，说到本书主编白芝教授自己的翻译，有时不错，有时也同样令人失望。例如他译的《桃花源记》，大致颇佳，可是“芳草鲜美，落英缤纷”的名句是这样译的：there were fragrant flowers, delicate and lovely to the eye, and the air was filled with drifting peachbloom。英译太冗长，倒也罢了，不过“芳草”变成了“芳花”，却万万不该。原文是青草地上落满红英，对照才鲜明，译文就单调了。同时，晋太元中应该是公元376年至396年，译文注为326年至397年。可是错得最离谱的，是他译的《酬张少府》：

In evening years given to quietude,
The world's worries no concern of mine,
For my own needs making no other plan
Than to unlearn, return to long-loved woods:
I loosen my robe before the breeze from pines,
My lute celebrates moonlight on mountain pass.
You ask what laws rule “failure” or “success”—
Songs of fishermen float to the still shore.

晚年惟好静，万事不关心。

自顾无长策，空知返旧林。

松风吹解带，山月照弹琴。

君问穷通理，渔歌入浦深。

四联八句，几乎无联不错，有些地方错得令人不敢相信。一开始，“晚年”就直译得毫无必要。前四行既无主词，又无动词，英文的文法夹缠不清，王维的空灵和中国律诗的对称，荡然无存。第一行的分词片语和三四两行的分词片语，一被动，一主动，极不平衡，中间还夹着文法身分待考的一个句子。“自顾”和“空知”在此地文法上的地位，是从属性的，近于副词，主要的动词是“无”与“返”。“自顾无长策”意为“自己觉得没有什么匡君济世的良策”，但译者说成“没有别的什么打算来照顾自己”，显然把“自顾”误为“自顾不暇”的“自顾”了。“空知”原是“只知道”、“只好”的意思，译文竟作unlearn（忘掉所知，除去旧念），想必译者把“空”当成动词，“知”当成名词，所以要“涤空已有的知识”吧。第五句风吹带解，才显得物我相忘，译文说成诗人在风前自解衣带，岂不做作而落实？“山月照弹琴”句译成“我的琴音歌咏山隘口的月光”，也离题稍远。本来是山月照着诗人弹琴，却反过来，变成诗人弹琴以咏月，可能音乐是月光曲，倒不一定是在月下弹奏呢。末两句最深，反而没有译错，只是不很好听罢了。

丛树版《中国文学选集》一书，颇合英美读者所需，遗憾的是，诸家译文水准不齐，谬误尚多，前面指出来的，只是其中的一部分而已。希望再版时能核对原著，逐一改正，同时广搜佳译，予以充实。欣闻近日香港中文大学翻译中心出版英文《译丛》季刊一种，行于国际。汉学英译，英美学者已经贡献不少，该是中国学者自扬汉声的时候了。

——1974年4月于台北

山河岁月话渔樵

——评胡兰成新出的旧书

胡兰成的文集《山河岁月》，妍媸互见，是一部很不平衡的书。早在十多年前，就有多情的朋友向我力荐他的《今生今世》，说那是一部慧美双修的奇书。当时我取来看了，觉得文笔轻灵，用字遣词别具韵味，形容词下得颇为脱俗，但是对于文字背后的情操与思想，则嫌其游戏人生，名士习气太重，与现代知识分子相去甚远。据说文坛人士所以欢喜《今生今世》，一半是因为作者与张爱玲女士的一段缘分，在该书中颇多述忆。我原不算“张迷”，结果当然也没有成为“胡迷”。

十多年后，又读到胡兰成另一部书《山河岁月》，我的感觉仍然是“憎喜参半”，也许比起《今生今世》来，憎的成分更多。先说喜的一面。《山河岁月》的佳妙至少有二。第一仍然是文笔，胡兰成于中国文字，锻炼颇见功夫，句法开阖吞吐，转折回旋，都轻松自如。遣词用字，每每别出心裁，与众不同。“这真是岁月静好，现世安稳，事物条理一一清嘉，连理论与逻辑亦如月入歌扇，花承节鼓。”（103页）“中国人是喜欢在日月山川里行走的，战时沿途特别好风景……年轻学生连同婉媚的少女渡溪越岭，长亭短亭的走。”（270页）这样“清嘉”而又“婉媚”的句子，《山河岁月》之中，俯拾皆是。“胡体”的文字，文白不拘，但其效果却是交融，而非夹杂。

第二个优点，是作者的知识。从《山河岁月》一书，可以看出作者学兼中外，对于中国的文化传统与民情风俗都颇有认识，且能处处与外国文化相比并论，时有卓见。至于作者的气度，大致说来，亦可谓胸襟恢宏，心肠仁厚，对天地间一切人物，都表示尊重与同情，字里行间，充满了乐观精神。作者对于中国历史，一往情深，对于中国文化，则是绝对信任。

可惜《山河岁月》的严重缺陷，也因此而来。胡兰成对于中国文化，只有肯定，绝少检讨。直接间接，他认定中国五千年的文化是至上美满，冠于世界，相形之下，夷狄的文明总有所不足。这种感觉，当作一种爱国情绪来欣赏，也许是动人的，可是当作一种知性的认识来宣扬，则容易误人。胡先生在书中一再强调“知性的指导”，可是在自己的立论时，又摆脱不了民族情绪的束缚。本质上说来，胡先生学高于识，是一位复古的保守分子。他主张“废止美国杜威式的教育体质与方法，依据周礼的学校原理，并参照法国的教育制度与教学方法，重点是在育士。”又说要“恢复读经，从小学起教以经书。‘五四’废经至今已五十余年，今已是恢复的时期

了。此事要先经过议论，以今世纪的新的证据与言语来把反对者的浮语陈言都扫清了，然后政府可以法规制定之。”（285页）

尽管杜威也有他自身的局限，他的教育哲学仍然比较适合现代的社会。他的教育观是创新而开放的，展望将来多于缅怀过去。和斯宾塞一样，他也认为旧式教育偏重人文而忽略科学，应予重新调整，但是他比斯宾塞更进一步，主张科学的教育应该来自各行各业的实习，而不是来自书本。这种教育毋宁更适合民主而科学的现代社会。我国正从事十大建设并提倡职业教育，杜威的教育观接受之不暇，岂可轻言废止？胡兰成不但要废新式教育，还要恢复读经，而且要从小学教起，这简直是开倒车。胡先生对教育的要求，基本上说来，仍是要造就一批旧式的读书人。在古代，这批人叫做“士”，也可以叫做“君子”。有暇的时候，士可以写写文章，发发议论，有机会的时候，当然还可以做官，可是实际的建设，往往不劳他们动手。胡兰成说：“士从五四运动成了新的知识分子，但亦仍是天下士，五四时代的青年只想做诗人，因诗人是不为职业的。也希望能当大学教授，因教授的高尚不可拿它来与职业联想。也愿将来做个发明家，因为科学亦如诗心的清洁……也有人很痛心，怪中国的知识分子为何不像外国的列身社会组织里，各勤一业，殊不知中国之士向来是志在天下。”（246页）胡兰成理想的士不事生产，不食烟火，不与庶民为伍，其志却在天下：这种风光赖以寄托的农业时代与贵族社会，已经一去不返了。台湾正从农业社会转入工业社会，我们目前亟需提倡的是民主意识与科学精神，而不是思古的幽情。读经，不妨让少数学者带领着相关学科的大学生甚或研究生去做，但一般国民的精力必须投入国家的重大建设。

一个健康的社会，即使前瞻不多于后顾，至少也应两者平衡。中华民族往何处去？目前的问题应如何解决？未来的危机应如何对付？这些才是当务之急，不此之图，而要全国学童咿唔读经是轻重倒置的。何况读几部经书，也不一定能够保证“思想纯正”。章士钊、郭沫若，甚至毛泽东，没有读过经吗？台湾目前的建设，有哪几件是根据经书而成功的呢？鸦片战争以前，中国不是一直在读经吗？何以不能救中国呢？

我们不能否认，古代的经典是我们文化的基础，文化界与学术界有责任加以保存、维护。但是文化也有静态与动态两面，一成不变地复古，只能守住一个静态的博物馆式的文化，必焉后人不断发扬甚或创新，不断接受外来文化的挑战而加以克服，才能产生一个动的文化。

《山河岁月》的另一严重毛病，是作者对日本的态度。对我这一代的中国人而言，抗战是永难忘怀的国难，其为经验，强烈而且惨痛，另一方面，全国军民一心一德同仇敌忾的精神，却又令人壮怀激烈感奋莫名。对于长我一辈的中国人，想必更其如此。可是胡兰成在这件事上表现得太轻松了，他那种避重就轻模棱两可的语气，凡是亲历抗战的人都是难以接受的。他说：“抗战的伟大乃是中国文明的伟大。彼时许多地方沦陷了，中国人却不当它是失去了，虽在沦陷区的亦没有觉得是被征服了。中国人是能有天下，而从来亦没有过亡天下的，其对国家的信是这样的人世的贞信。彼时总觉得战争是在辽远的地方进行似的，因为中国人有一个境界非战争所能到……彼时是沦陷区的中国人与日本人照样往来，明明是仇敌，亦恩仇之外还有人与人的相见，对方但凡有一分礼，这里亦必还他一分礼……而战区与大后方的人亦并不克定日子要胜利，悲壮的话只管说，但说的人亦明自己是假的。中国人是胜败也不认真，和战也不认真，沦陷区的和不像和，战区与大后方的战不像战。”（267~268页）又说：“凡是壮阔的，就能够干净，抗战时期的人对于世人都有朴素的好意，所以路上逃难的人也到处遇得着贤主人。他们其实连对于日本人也没有恨毒，而对于美国人则的确欢喜。”（271~272页）

这两段话岂但是风凉话，简直是天大的谎言！这一番话只能代表胡兰成自己，因为在水深火热的抗战之中，他人都在流汗流血，唯独胡兰成还在演“对方凡有一分礼，这边亦必还他一分礼”的怪剧。也许胡兰成和敌有方，“有一个境界非战争所能到”，可是南京大屠杀、重庆大轰炸中，无辜的中国人民却没有那么飘逸的“境界”。只因为胡兰成个人与敌人保持了特殊友善的关系，他就可以诬蔑整个民族的神圣抗战说的是假话，打的是假仗吗？这么看来，胡兰成的超越与仁慈岂非自欺欺人？看来胡兰成一直到今天还不甘忘情于日本，认为美国援助我们要经过日本（282页），而我们未来的方针，还要与“日本印度朝鲜携手”（288页）。胡先生以前做错了一件事，现在非但不深自歉咎，反图将错就错，妄发议论，歪曲历史，为自己文过饰非，一错再错，岂能望人一恕再恕？

胡兰成对于胡适等五四人物，始终怀有偏见。在280页上他说：“文化人的浮躁浅薄，见于他们的叫嚣科学而疏隔自然法则，叫嚣民主而疏隔民间之真意，叫嚣进步而疏隔中国之历史。他们以杜威的实验哲学与科学民主云云来损伤了中国人之智慧与教育的原理。”我不懂此胡有什么资格来指摘彼胡。难道中国人的智慧就是与敌人在恩仇之外握手讲礼吗？难道民间之真意就是胡兰成津津乐道的“新的朝廷与真命天子”（279页）吗？请问，抗战的时候，胡适在做什么，胡兰成又在做什么？事实的证明不是比大言炎炎更有力吗？

《山河岁月》用鹿桥先生致胡兰成伉俪的信代序。鹿桥在信上说：“知先生为《人子》写了书评，刊在《中国时报》上。大文尚未见到，总要四五日后才能寄来，先此道感，当今之世能解、能评、能开导、教诲弟者更能有何人？世有伯乐方能有千里马。”当然，有什么样的伯乐，就有什么样的千里马。难怪《未央歌》里的抗战，也是那么轻飘飘的，金童玉女，似真似幻，如在雾里。

——1975年5月25日

天机欲觑话棋王

——张系国小说的新世界

论者常说，台湾的小说近来一直陷于低潮，欲振乏力。对于我们的小说家说来，这是不太公平的。我认为这几年的小说，非但没有萎缩，而且颇有变化。多彩多姿，当然还说不上，可是风格独具的作品却不断出现，而彼此之间在风格上的差异，也显示了台湾小说生活的多般性。以“受评量”最大的两本小说《家变》与《莎哟哪啦，再见》为例，当可发现，无论在主题、语言，或态度上，目前的“热门书”和於梨华、白先勇、林怀民等等的那个“时代”已经颇有距离了。大致上说来，近年台湾小说的作者与读者，已经渐渐把注意与关切的焦点，在空间与时间上加以调整，转移到七十年代的台湾来了。无可讳言，近年台湾社会的形态已随政局的骤变而大为改观，反映在文学上，这种新的形态也需要新的诠释。除了少数例外，已经成名的小说家，面对新时代与新形态，似乎诠释为难，一时无话可说。新的诠释来自更年轻的一代。在台湾长大的张系国先生，正是代表之一。张系国在文坛上是一位独来独往的人物。他研究的是科学，关心的是民族与社会，创作的却是小说。他写小说，是有感而发，有为而作，因此对于社会的病态、民族的危机，着墨最多。以前的小说家批评的对象是农业的旧社会，张系国批评的却是工业的新文明。他身为科学专家，对于机器压倒人性的工业文明，自然比一般文科出身的作家了解更深。如果说，白先勇的作品是感性的、回顾的、绝望的，则张系国的该是知性的、前瞻的、企望的。如果说，白先勇的作品是从肺腑中流出来的，则张系国的，该是冷静的脑加上炽热的心的结晶。张系国的科学训练、人道胸襟，和远瞩眼光，令我们想起威尔斯、赫克斯黎、欧威尔、史诺等现代作家的先知精神与知性传统。中国小说，甚至中国的文学，在这一方面如果不是十分荒芜，至少也是开垦不力。张系国这样的作家出现在当前的文坛，可说是一股健康而清醒的活流。

实际上，这股活流注入台湾的文坛，先后已经有十年了。从早期的《皮牧师正传》到最近的这本《棋王》，张系国的作品从小说到剧本，从批评到方块小品，观察和思考的天地是异常广阔的。六十年代的台湾小说，一度几乎为盗印版的存在主义和意识流技法所淹没。年轻的张系国始终把握着他的民族意识和社会良心，不甘随潮浮沉。他是我们最肯想，最能想，想得最切题的作家之一。

在《让未来等一等吧》的后记里，张系国说："这些年来，困扰着我的始终是同一个问题：我们这一群植根于台湾的中国人，究竟是怎样的中国人？我们是什么？我们应如何安身立命？我说‘植根于台湾的中国人’，因为在我看来，籍贯不重要，出生地点不重要，甚至现在身在何处也不重要。只要关心台湾，自认是这个社会的一分子，就是植根于台湾的中国人……我很想从系统科学、人道主义以及中国传统哲学的迷宫里，整理出一套可行的实用哲学，作为个人安身立命的基础。”一位小说家有这样的抱负，这样的先知先觉，自然言之有物，立脚点先已高人一等，不用像痖弦笔下喟叹的“走马灯，官能，官能，官能”那样，在意识流的盲目世界里乱冲乱撞。

三十岁一代的青年人物之中，能出现张系国这样有担有当，能感能想，既不悲观自伤也不激傲凌人的角色，是极其难能可贵的。不少所谓“旅美学人”，偶尔回台作一次客，事事看不顺眼，便指东指西地评论一通，似乎国家兴亡全是他人的责任，似乎只有台湾负他，他却不负台湾。张系国每次回来，不是上山下乡，深入民间，便是发展中文电脑，写小说和方块，做的都是正面的建设工作。我总认为，张系国对于青年的意义，不但是文学的，更是文化的。我认为他是一位心胸宽阔而目光犀利的“文化人”，七十年代海外的中国知识分子之中，他的触觉该属于最敏感的一等。值得高兴的是，这样的敏感能生动而具体地表现于小说。

张系国的小说大致说来有下列几个特点。其一是长于思想，饶有知性。此点前文已略加申述。张系国自己也承认他有探讨哲学的倾向。尽管如此，他的作品并不流于抽象或炫学。相反地，他的小说颇为经验化，很有戏剧性，故事的发展简洁而明快，绝少冗长的叙述或繁琐的形容。其二是语言丰富而活泼。张系国的白话不但写得纯净而流畅，更因融合了少量的文言和欧化语而多采多姿。他的语言十分自然，绝少雕句琢词，或是跑意识流的野马。他的对话生动而有现实感并且充分配合身分各殊的口吻：《亚布罗诺威》和《地》两篇里的对话就是最好的例子。在处理知识分子尤其是学生的口语上，张系国确乎自成一家，台湾地区流行的学生俚谚，甚至章回小说、武侠小说的用语，到了他的笔下，每每都有点睛之妙。严肃的主题和幽默的语言，在他的作品里形成了有趣的对照。其三是时代性与社会感。这两种因素一经一纬，交织成立体的感觉。就知识分子的现实生活和心理状态而言，张系国是很能够“进入情况”的一位小说家。近六年来，他间歇回国，定居的时间并不算长，但是由于关心国家和社会，更由于科学修养的背景，他对于台湾经济发展的现况和新社会知识分子的处境等等，可说比一般定居国内的作家更有认识。日趋工业化的台北市，在他的作品里勾出了一个新的面貌：那里的台北人，生活在经济挂帅的七十年代，和白先勇笔下的已有颇大的不同。但是这样的时代性并不止于表面的描写，因为背后包含的是知识分子对于社会深切的关怀，以及爱之深责之切的批评。张系国的小说手法有时是写实，例如《地》，有时是寓意，例如《超人列传》，手法尽管不同，社会批评的苦心却是不变的。他在《地》一书的后记里说：“孔拉德曾说过，小说的功用是‘使人们看见’。至于看见的世界是美是丑，却并非小说的作者所能左右。”又说：“在这灰暗的世界里不论做什么事都是灰暗的，写小说也不能例外吧？”我不认为张系国小说的世界是灰暗的，因为他仍然心存批评，而批评就意味着不放弃希望。只有虚无主义那种官能的走马灯，才是灰暗的。

上述的三种特色，并见于去年在“人间”连载的小说《棋王》，并且有了更新的组合。《棋王》叙述的故事，生动而紧凑，从头到尾节奏明快，加速进行，以达于篇末的高潮。就说故事的技巧而言，《棋王》虽不是一篇侦探小说，却充满此类小说的悬宕感，令人一开了卷就无法释手。

《棋王》一开始，故事的线索就牵出了好几根。电视公司的伙伴是一根，老同学是一根，广告社的同人是一根，弟弟又是一根。这几条线都由主角程凌牵出来，起初牵来绕去，似乎很乱，但是等到五子神童的主线拉开来之后，几根辅线便各就各位，渐渐地扭成一股了。从神童显灵到秘密泄漏，再从神童失踪到棋王决赛，故事之索愈扭愈紧，甚至到决赛之后仍不放松：张系国说故事的技巧是迷人的。

我认为《棋王》的主题有正反两面：正面是寓意，反面是写实，正面是哲学的，反面是社会的。正面的主题在于探讨所谓神童的意义。作者在书中的代言人是主角的弟弟，他不时假弟弟之口来思考神童的意义。弟弟先后用来布尼兹的“单子论”和热力学上的熵，来解释神童超人的智力。来布尼兹的单子是一个个绝缘的灵魂，由于没有窗户，虽有选择的自由，却无选择的先见。超人的智力就像开了窗的单子，能够参造化，觑天巧。但天机玄妙，岂容泄漏？一个人要独坐在空而大的暗厅中骇视人类未来的预告片，负担未免太重了。卡珊朱婀能预卜未来，乃遭天谴。普罗米修斯盗火授人，为神所惩。赖阿可昂觑破木马，为蟒所缢。中国的寓言也是如此：仓颉造字，天竟雨血；浑沌开窍，七日而终。庄子浑沌凿窍的寓言，和程凌弟弟所说的宇宙留缝的譬喻，有异曲同工之妙。天机既不可泄，超人竟要张目逼视，惊心伤神，自然不堪负荷，为求自保，不如关上窗子，混沌度日。

凡人是常态，超人是变态，变态的东西是不能持久的。正如热力学上所说，一样体系里熵愈多则愈混乱，熵愈少则愈整齐，但是熵少的体系都不能持久，神童的体系少熵，故不能持久。五子神童处于这样的反常状态，前有繁复的天机要他独力去搏斗，后有社会的压力要利用他的神通，他畏缩了。而最饶意义的一点，是他在畏缩不前的紧要关头，竟发现了人的尊严和勇气；他临时决定放弃非分的天赋，仅凭人力，仅凭他的“本分”（normal share）来克服难关。天赋犹如中奖，是运气，也是不幸。人为的选择才是努力，才是自立，才是真正的自由。与其迷信“成事在天”，不如相信“人定胜天”。这才是存在主义最高的意义。这一点，值得程凌的朋友们，也值得一切关心国家前途的人，细细体味。

解罢主线，再来试解辅线。《棋王》故事的主，是神童之发现、考验，与变质，但是在放线的过程之中，本书的反面主题也藉几根辅线的交织而渐渐展开，呈现在读者眼前的，是七十年代台湾新型社会里知识分子的面貌。搞电视的张士嘉，画裸女的高悦白，炒股票的周培，以这些人物为代表，七十年代典型的小知识分子都十分现实，为了拜金，不惜投机取巧，甚或嘲弄他人的理想。这些人都是程凌的朋友，至少也是伙伴，他们的弱点程凌都很明白，可是程凌自己也是脆弱的，并无抗拒的力量。在半迎半拒的心情下，他被朋友牵着鼻子走，结果是电视也搞了，裸女也画了，股票也炒了。

套用张系国爱用的江湖术语，程凌这人不能分入黑白两道，只能算是可黑可白，一味妥协的灰色人物。他追女孩没有魄力，搞节目不够四海，炒股票缺乏狠劲，正经画画呢，又没有自信，不耐寂寞。白道可敬，黑道可恨，可白可黑的人物才是小说里最可玩味的角色。大贤大奸毕竟不是人性的常态，因为两者都是“吾道一以贯之”的高度秩序，人生观的焦点对得非常之准。但是芸芸众生只能在黑白两道之间徘徊，为善无志，作恶无胆，对人生的看法只像一具焦点对不准的镜头。其实。程凌的朋友们也算不得黑道人物，只是比程凌更灰罢了。

程凌灰得不深，在小人与君子之间，似乎还更近君子，所以他一方面可以喻于利，另一方面也可以喻于义。《棋王》里面也尽有肯定的人物，程凌的母亲，弟弟，同学黄端淑和冯为民，老师方教授，还有，不要忘了，那位五子神童本身，都可归入此类。程凌不能投入他们的行列，却能够欣赏他们的力量和情操。不过这种欣赏是片段的，不足以形成信仰。早年他也曾信仰过宗教和艺术，也曾和同学办过杂志，肯定过文化的价值，但不久即安于“第二流”的自觉，放弃了。冯为民称赞方教授退休以后还计划写书，他说：“他们老一辈的读书人……硬是守得住。换了我，我就守不住。你守得住吗？”程凌的回答是：“时代变了。我敢说，方先生一辈子没有为钱操过心。他不会赚钱，也不想赚钱。老一辈都是这样，价值观念不同。我们非要赚钱不可。”对于程凌，钱就是自由，而自由比历史潮流更重要。可是为了赚钱，首先必须牺牲不少自由。钱所保障的那点自由，是用更多的自由换来的。我认识一些心活手快的优秀青年，他们认为叫化子不能搞文化，得先赚钱，等钱赚够了再回头搞文化还不迟。问题是赚了钱之后，一个人的价值观念就变了。经济带头的社会，对我们的青年真是一大考验。

五子神童一出现，程凌的价值观念便受到新的震撼。对于他的朋友们，能够未卜先知的神童是一株摇钱树，可以用来号召观众，猜考题，测股票。冯为民提议向神童求解人类前途之类的大问题，立刻遭到否决。大家都认为大问题太浪费时间，还是摇钱重要。正当这时，神童忽然失踪了。等到他寻获时，他已经丧失了神力，于是摇钱树倒，财奴四散。台北社会唯利是图的现象，到此反映无遗。通俗电影和武侠小说里群雄夺宝的公式，到了张系国笔下，扬弃了暴力，保留了悬宕，竟用来处理这么严肃的题材。这一点再度证明，废铜烂铁，张系国随手拈来，都能派上用场。

人人都想投机取巧，不劳而获，身为机巧之钥的神童，在接受重大考验的关头，竟然舍天巧不用，而用人谋。这种死里求生，自绝以自拯的勇气。令程凌感愧。这才是真正的自由，谁说历史是不由人的？神童说：“我不需要未卜先知。我自己会下。”下棋，是一个象征。世事如弈，成败还靠自己。程凌回到自己的画，他恢复了信心。《棋王》不愧是一部杰出的寓言。

书中还有一位独来独往的角色，刘教授。这是张系国创造的最迷人的角色之一。（真希望张系国写一部“儒林新史”，让我做第一位预约的读者吧。）我说迷人，因为刘教授也是一位可黑可白弹性很大的角色，伪君子，大盖仙，江湖学者，青年才俊，似乎交叠在他的身上。初见此人，有点可笑，有点可鄙，也有点可恶。在张系国嘲弄的笔法下，这位大骗子竟然被众人同谋的骗局所愚，反而处之泰然。看到这一幕，又觉得此人值得同情，竟有点可爱了。刘教授既不愿死读书，也不愿死赚钱，只愿意戏弈人间，“小混”一场。

这么说来，《棋王》的世界里并没有一个真正的恶人。张系国审视的人性，是弱点，不是罪恶。弱点是值得同情的，张系国对他的人物，向来是同情多于谴责。他是一位宽厚的道德家，一位笔锋略带漫画谐趣的讽刺作家，性情温和，点到痛处为止，并不刻意伤人。他的讽刺画是线条清晰的钢笔素描，简洁而精确，不是刀锋凌厉的木刻，是库鲁克先克，不是杜米叶。

《棋王》的文体稳健中透出诙谐与洒脱；对话，动作，外景，意识，回忆等等组合得自然而流畅，偶尔也穿插一点蒙太奇之类的手法，但不耽溺成癖。作者是一位能放能收的文体家。他的对话是一绝，从不失误。比起他的对白来，某些作家的对白显得死气沉沉，像台词不熟的排演。他的叙述部分有时稍感逞才，失之驳杂。例如程凌见到丁玉梅，“一股怒气，顿时飞散到爪哇国”之类的文句，放在叙述里就不如在对白里好。我始终以为，对白的文体应与叙述的文体有所分别，才能收对照相衬的之功。此外，长于思考的张系国并不拙于抒情与写景，他的小说在知性与感性之间乃得保持适度的平衡。他的发展轻快而有节奏，少有拖泥带水之病。故事说得这么高明，对白简直不用改写，《棋王》如能拍一部电影，即以台北市为背景，一定非常叫座。就看那些成天在什么风什么梦里捉迷藏的“爱情卡通”的导演们，有没有先见之明了。

因为这才是台北。

——1975年3月

山名不周

——写在夏菁新诗集《山》出版前夕

认识夏菁，前后已有22年了。开始的14年，我们都住在台北，经常聚首，有一段时期，几乎每星期要见一两次面，为了诗，也为了友情。近八年来，他以农业专家的身分受聘于联合国，先后在牙买加和萨尔瓦多工作，俨然成了世界公民，烟水远隔，我们就绝少见面了。“渭北春天树，江东日暮云”，对于李杜来说，已恨其远，而对于今日飘零在海外的中国人说来，又羡其近了。渭北江东，毕竟是相连的母泥后土，这头痛时，那头会痒的。但国小岛多的中美，把加勒比海的碧波，围成了另一个世界，和迢遥的东方，几乎阒不相闻了。

近八年来，我和夏菁只见过三次面，一次比一次更短促。第一次是1970年初，在丹佛。当时他的大公子世赞在爸爸的母校科罗拉多州立大学读书，他和杏涓从牙买加飞去那高寒的山国探视，我们乃幸有半日的小聚，最后是我开车送他们上了回程的飞机。第二次是1973年的夏天，在台北；夏菁和杏涓正游罢欧洲，算是回牙买加的中途。两个台北人在台北相逢，欣慰之中难免另有一番感慨。第三次则是今年的8月，在一架越洋的喷气飞机上。当时他已迁去萨尔瓦多，方在台北小住罢，假道东京又去美国看他的孩子，我则已迁来香港，正在去英国开会的途中。天造地设，缘结云上，我们竟在东京飞旧金山的747泛美飞机上不期而遇。东向而飞，我们并肩凌越了一蓝无际的太平洋，分享了一个最短的黑夜和一个最早最纯的黎明，而冲霄三万英尺，跨水七千英里，一夕叙旧真是高乎其谈而阔乎其论了。到了旧金山后，他续飞丹佛，我续飞西雅图，唐人诗境“数声风笛离亭晚，君向潇湘我向秦”，正是当日心情。

如果再往后回溯，则夏菁从台湾去科罗拉多州科林斯堡（Fort Collins）的州立大学读书，更在14年前。1966年夏天，我在回台途中，驶车横越美国西部，一进科罗拉多，便仰见叠峰重岭与天争地，不禁笑对我存说：“夏菁这一州除了一堆怪石，什么也没有！”绝未料到三年之后，夏菁已人去山空，却轮到我去那一堆怪石之间做了两年山人。夏菁和我便是这样：时而他坐守国内，我远客异乡，时而他浪迹天涯，我归居故岛，物换星移，我们的经验交相轮回，彼此印证。

最值得纪念的，当然还是安土重迁，同居长干里，皆为台北人的那一段岁月。我住台北，前后凡24年，除了最初的一年半是在同安街之外，后来一直是在厦门街，也就是《伐桂的前夕》里的那幢古屋。夏菁则从郑州路搬到晋江街，又从晋江街搬去中和乡，最后则住在安东街，梁实秋先生的故居只有两三柱电线杆之遥。他在晋江街与中和乡的时候，和我寓所最近，不是他来按我的铃，便是我去敲他的门，过从十分之频。做客人的一方，常是袖怀新作，有所炫耀而来。做主人的当然不免虚加叹赏，有时适得近制，也拿出来对照一番，终于宾主尽欢而散。这种樽酒论诗的场合，当然也不尽是两人相对。不久便有吴望尧和黄用来加入，而等到周梦蝶、张健、敻虹等陆续出现时，已是后来的事了。

夏菁和我早年的诗风，颇多相近之处。有一时期，我们的小品几乎月有数次相间出现在《中央副刊》上。起初我们的新诗袭浪漫之余风，步新月之后尘，同属稚嫩之少作。后来眼界稍开，又共赏女诗人狄金森那种清新刻露天机独窥的歌谣体长短句（ballad stanza），而竞相效颦。这种相互观摩彼此激励的情况，大约一直维持到1960年，过此我们便分道扬镳：夏菁去美国读书，西方的文明，异国的生活，新大陆开阔的空间，在在拓展了他的诗境，而我也在短暂而驳杂的现代化之后，渐渐回归古典传统了。

夏菁于诗，一向我行我素，独来独往，诗坛的风尚他一概冷眼静观。这样的作风，注定他不会乘潮驱风，睥睨自雄，但也不会搁浅在退潮后的沙岸。我认为在诗的本质上，夏菁较近于知性，他的作品在感性和抒情的核心往往有一个可以把握的意念。也就是说，他是一位主题性颇强的诗人。其次，夏菁的诗对于人生世态常常保持一种客观的批判态度，他的诗观也往往强调静观。我觉得夏菁在作品中扮演的角色，常是一位旁观者，而不是投入者；旁观者的立场有助于提高知性，保持冷静，分析事理，但对于读者的作用，是认识，不是认同，是点醒，不是震撼。不过夏菁是一位温厚而乐观的诗人，他对人生世态的批评不是严厉的控诉，而是含笑的讽喻，不是割痛，而是搔痒。正如罗青一样，夏菁作品的一大特色是从容自得的理趣，有时更是苦笑的反躬自嘲。所谓理趣，往往得之于诗和散文交界的地带，为耽于感性热衷抒情的大多数“悲剧诗人”所不取；其实中国和西洋的传统诗中尽多此种谐趣的流露，但二十年来的现代诗，在紧张的自虐之余，却很少朝这方向开疆拓土，实在可惜。我在《万圣节》中的一首诗《我的年轮》，有这么一段：

而秋仍熟睡在七月的胎里
归舟仍梦寐在西雅图的海湾
美国太太新修过胡子
　　　　　　　　　的芳草地上
仍立着一株挂满牛顿的
苹果树，一株
挂满华盛顿的樱桃

其中意趣，就有点“夏菁风”。当时夏菁看了，曾向我表示颇喜欢“美国太太新修过胡子——的芳草地上”那两行的断句手法。就我的作品而言，这样的理趣表现在散文里似乎多于诗里。同样是涉及美国女诗人艾米莉·狄金森，夏菁的心境便与叶珊截然相反：

如一场悲伤的歌剧
因雨取消

——叶　珊

一球蒲公英险将我击中，
那许是爱蜜丽的戏弄。

——夏　菁

在《百老汇夜景》里，夏菁描述美国五光十色的都市文明，而以这样的问答终篇：

（有人问我：你感到快乐吗？
我说：是。那么，他说，
你为什么皱眉呢？）

这种旁敲侧击的烘托手法，最能表现夏菁的机智。下面的这首近作《腮边》，是写给他的男孩子的：其中的“你”，当系针对他的孩子，“她”，是作者的太太杏涓，而“我”，当然是作者自己。短短三段，从对孩子的怜惜到对太太的调侃，对自己淡淡的嘲弄，寓中年人之感慨于谐戏之笔，温厚之情，遥承陶潜和杜甫的古风，很是感人：

腮边——给Tom

你腮边有苹果的颜色：
稚气的青，初熟的红，
风吹散长发，飘若牡马的红鬃
一种驰骋原野的冲动。

她的鬓际，幽邃不如昨日；
几株白桦，几叶垂栁。
风来时，瑟瑟柔音，
新秋的林间
思念早春草上的新蕈。

而我的前额，
已有阴阳割昏晓的投影
赭色山脉，棕色森林，
破过风，瞰过海
仰起是白云的霭霭。

我觉得夏菁的短诗每优于长诗。下面的《寂寞四行》出自他的诗集《少年游》，不但意象和意念的融合无间，语言和节奏的紧密安排，都十分成功，而且虚实相生，很富于玄学派的诗风：

沼泽中栖着七只白鹭，
一排寂寞的七日。
没有动静，也没有消息。
似我铩羽的信鸽。

近作《总有那么几天》末段的句法与神韵，证明夏菁的那枝笔并未缴归缪斯：

总有那么几天，
远代已经有过——
在后主的西楼，
在张继的枫桥，
当你等着一个人，未来
当你有着一盏灯，未点

“风波一失所，各在天一隅”，十多年后，回顾当日厦门街古屋茗茶论诗的旧友，或陷身湄公河畔，或舍缪斯而追随赛先生，夏菁何幸，在《少年游》出版的12年后，犹能收集散页零篇的旧制，编辑远客中美的新咏，推出这本《山》来，实在是令人欣慰的事。在加勒比海蓝色的世界里，夏菁已经俯仰了七载的日月星辰，如今他迁往太平洋畔的萨尔瓦多，不仅靠我们近些，而且潮起潮落，在茫茫的水半球上，毕竟与我们波涛相接了。而对于飘流海外的现代屈原与苏轼而言，山已不周，地岂蓬莱，一矗三千岁的中国诗柱，几已被一个新的共工撞折。扶诗柱之将倾，是我们义无可却的天责。欢迎夏菁归队，因为诗，不但是他和我两个台北人的文字因缘，更是他和嫘祖所有子孙的生死血缘。诗乃必然，而非偶然，愿与夏菁兄长相印证。

——1976年重九前夕

闻道长安似弈棋

——《中国文坛近貌》读后

1

1973年2月至8月，旧金山州立大学比较文学系系主任许芥昱教授回到中国大陆去访问了半年。此行的主要目的，据说是为了写一本《周恩来传》，但始终未能见到周恩来本人。许氏于1940年进入清华大学外文系，1943年，投效远征军任对美联络官，1945年初即奉军方派遣赴美留学。二十多年后他回到自己的故乡，当然急于寻访音讯久隔的文坛师友。他在这方面也不太顺利，但在他的坚持之下，总算让他见到几位知名的作家。会谈的纪录，收入了他的英文新著《中国文坛近貌》（*The Chinese Literary Scene*）。此书共有两种版本：美国的“葡萄陈酿版”出版于去年，英国的“企鹅版”则于今年问世。我读到的是“企鹅版”。

《中国文坛近貌》厚达267页，共分四章。第二章是“文革”前后的文学批评，第二章是样板戏，第三章是工农兵小说，第四章是民谣。卷首除作者的短序外，还有长达26页的一篇绪论，描述大陆文艺的现况并追溯中共文艺的发展。最令我感到关切的，是早期新文学几位名家的下落。许氏身为文学教授，又亲自晤见了他们，这种第一手的内行报导，该是十分可贵的。台湾的读者，尤其是亲历过三四十年代文艺气候的一辈，关切之情，想必同样浓厚。

最动人的一段，该是许芥昱会见他旧日老师沈从文的经过。当时许氏住在北京饭店，沈从文的寓所和办公室都近在咫尺，只消短程步行便可到达，但是两人的会见，却是在许氏写了两封信，向中共当局再三提出要求，并且等待了一个月之后的事。沈从文到旅馆里去看许氏。71岁的老作家已经满头白发，面色红润，戴一副玳瑁镶边的眼镜。沈从文这些年来一直在研究古代文物，见面之后，就滔滔不断地述说他考证的汉墓出土的丝织品，战国的漆器，唐宋的古镜，说他二十年来出版的考古文章已达24万言，共为三卷，又说研究的经费十分充裕，但是得力的助手难寻，在目前教育的制度下，只怕后继乏人。

这时，许氏忍不住问他："可是您自己的写作呢？"沈从文说，1962年他和几位作家去江西的"革命圣地"井冈山，准备花三年的工夫合写一部小说，但是住了三个多月，只写了几首诗，以后他就再无作品。许氏说，他从前写过那么多小说，为什么不写下去呢？他说："现在要的是另一种小说了，我交不了货。"

许氏激昂地说："您当然写得出来。当年是您教我写作的，我还记得三十年前在昆明，我去您校外的寓所看您时那一天您讲过的每一句话……您教我千万不能丧失创作的冲动，您说：‘别的东西再难得，都可以失而复得，但是创作的冲动就像生命本身一样，一旦失去，就永远不能恢复了。’这就是您的情形吗？”沈从文的回答是：“（他们？）要我写作，前后不止一次。1962年那一次只是一个例子，可是时代变了，我已经没有合乎要求的生活经验好写了。”

接着，在许氏的请求下，沈从文回顾了自己的一生。他说他生于1902年11月29日，1922年在北京和丁玲、胡也频一起开始写作，1927年至1930年在上海教文艺创作。他说他在武汉大学教了一年，青岛大学教了两年，在两边闻一多都是他的文学院长，江青则是青岛大学的图书馆员；又说1932年他回北京去编《大公报》的文艺副刊，抗战时期他任教于西南联大，许芥昱正是他的学生。1945年4月，许氏出国赴美，沈从文回到北京，在北大和辅仁教书。“解放”后，辅仁改为人民大学，续聘沈从文为教授，但沈从文辞了教职，于1950年与十一位教授改业考古。

许氏怕老师又重拾考古的话题，便问起他同辈的名作家来。沈从文说：“你是说丁玲她们吗？她很好，她在黑龙江。我上次看见她，是在1964年，她来这儿参加一个文化工作者的会议。”

“在黑龙江哪儿呢？”

“我不知道，总之是在东北某地，不过我见她的时候，她精神挺好，身体也挺好的。她这一类人都过得很好，你不用担心。”书中形容沈从文说到此处，那种斩钉截铁的语气，令许氏想起，他向袁可嘉问起田间和艾青的下落，袁可嘉同样的微笑答道：“你不必为他们烦心，他们都好好儿的。”

许氏要沈从文寓所的地址，说自己身为及门弟子，理应亲踵师门，向老师阖府请安。沈从文却说：“从前的师生关系，现在已经没有意义了。现在你是客人，该我来看你，你要住址也没用。你要是想再见我，可以向接待的同志们申请，你认识楼下的刘同志；他是北大校友，应该很方便的。”

“可是我想看看老师住家的情形。”

沈从文不置可否，只略述他妻儿的情况，又说他家里也没有什么好看的了，因为他早把自己收藏的所有古董 包括玉器和六百多张古纸的样品，全捐给政府了。他说，把自己的宝贝公之人民是件好事，可惜现在样样都锁起来了，就连他最好的朋友也不能去参观。最后沈从文表示，只要许氏能获准参观，他愿充向导。他说他伏案的时间太久了，真想陪许氏走走。许氏问他，缺少运动如何能养生？

“我每天吃四十条蚕。”

“什么？”

“四十只蚕蛹。医生说这东西能降血压，结果真有效。才几个星期，我的血压就从250降到180。所以我一直吃下去。”

最后的一段是这样的：“他健步走下台阶，向公车站走去，不肯让我为他叫一辆计程车；他看来像一个无所遗憾的人。来了一辆无轨电车，我紧握住他的手，他的手仍是柔软的，但不如我记忆中那么纤细了。他敏捷地登上了拥挤的电车。目送他离去，我记起1922年他决心专业写作时说过的话：‘真正能干的去革命；真正聪明的去做官；只有我们这三个傻子一心想做职业作家。’但是1962年他决心放弃写作时所说的话：‘如果我做不了别人的踏脚石，我也不愿做别人的绊脚石’，却隐隐回答了他前面的话。”

诗人方面，许芥昱见到了冯至和臧克家。他没有见到何其芳和田间，只说何其芳正主持“中国文学研究所”，身体欠佳，1964年以后已经绝少写诗，又说田间最后的一些作品也发表于1964年，近年已经没有人提起他的名字。

冯至也是许芥昱旧日的老师，1952年以后他一直主持“外国语言文学研究所”。许氏和冯至谈了三个小时，卞之琳和袁可嘉也一直在座。冯至说他近年很少写诗，偶尔动笔，也只是寥寥几行，又说他现在宁可写五言和七言的旧诗。做学生的问起老师在文艺论战期间的遭遇，和他对中国文学的传统、现状与前途有何看法，做老师的却叫学生多用点茶，吃些北京驰名的甜点。许氏说冯至回答他问题的时候，笑得爽朗，说得却没有那么畅快。书架上排着中国的经典、古诗、文学批评，更有马克思主义的著作多册纷陈其间，德文的书籍却很少见。

臧克家的寓所到许氏住的旅馆，步行只要十五分钟，许氏得以拜访臧克家，却是他回到北京后两个月的事。据书中的描写，两人畅谈了三小时。臧克家说，他虽已过了退休的年龄，身体也颇衰弱，却毅然去湖北参加建屋种菜的工作，三年下来，身体反倒好了。接着，许氏简述了1946年以后臧克家所做的编辑工作和出版的诗集，说他曾编过《文讯》、《新华月刊》、《诗刊》等刊物，又说他从前对人生感到悲观，“像一条吃巴豆的虫”，现在他在诗中描写的世界却充满希望，洋溢欢欣之歌云云。

许芥昱回去了两个月后，见到了他大学时代的同班同学袁可嘉，畅谈了十小时。这一段叙述特别吸引我，因为袁可嘉曾经也是我的同学。据《中国文坛近貌》所载，他生于1921年，长我七岁。抗战初年，我在四川江北悦来场进了南京青年会中学，做初一的新毛头，袁在同校读高二，是我们的大队长，很出风头。袁可嘉的名气虽不很响亮，在四十年代的少壮诗人中却十分活跃。受了英美现代诗人，尤其是艾略特与奥登的影响，这些青年诗人渐渐从新月派的浪漫遗风转向主知的写实精神。这种诗风，以西南联大的师生为中心人物，原可开花结果，为中国新诗另辟蹊径，但在1949年以后，不幸即告萎缩。

许芥昱在书中说袁可嘉是绍兴人，在宁波读中学。抗战初年，他教过书，做过军中的政治宣传队员，流亡到重庆后，进入南开中学读书。（我想他在青年会中学可能不到一年，便转去了南开。）两年后，他便升入西南联大，和许氏同学，并致力于新诗的创作。

抗战胜利，袁可嘉随北大复员回到北京，除了写诗外，更以青年批评家的锐气活跃于文坛。（当时我在金陵大学外文系读一年级，在朱光潜主编的《文学杂志》上屡次读到他论现代文学的文章，虽不很了解，却十分羡慕。）北方局势日紧，文坛人人自危，沈从文把《大公报》的文艺副刊让给冯至去编。冯至当时是北大外文系主任，也感到文艺的潮流和自己的诗风格格不入，便又让给袁可嘉去编。

大陆易手，这位艾略特的信徒便随了一群译者改译毛泽东的思想起来，英译的初稿便花去了整整三年。后来他进入英文《中国文学》的编辑部，专门英译官方交下来的作品。1957年，他又进了“国家科学院”的研究所，从此他算是入了避风港，躲过了政治斗争的纷扰。1957年底到1959年，在所谓反右运动中，他下放了两年，和一位“贫下中农”同室而眠，同桌而餐，穿同样泥污的衣服，在田里一同操作到晚上。

1959年，袁可嘉从河北乡下回到北京，参加英国诗人朋斯诞生二百周年纪念会。他译了一卷彭斯的诗，赞美彭斯为伟大的农民诗人，“彗星一般闪过十八世纪苏格兰的天空。”（这真是稚嫩天真的文艺腔，以袁可嘉的修养，换了一个环境，该不会这么写的，同理，钱锺书在五十年代出版的《宋词选注》，文体也有点拖沓而别扭，不如他早期下笔那么凝炼。）但他在结论里却批评彭斯，虽富于同情，仍缺乏阶级意识。

袁可嘉翻译并重估拜伦的诗，也惹起了麻烦；他认为拜伦虽不免个人英雄主义的倾向，却有力地反叛了英国的封建传统。他的对手批判他说，个人主义既为资本主义的灵魂，拜伦式的英雄当然是彻头彻尾的个人主义者。然则拜伦的个人主义又怎能和他思想中也许具有的进步因素分开来呢？袁可嘉的答复是：“你不能用资产阶级的个人主义来否定资本主义里所有革命的倾向。”这场论战从1960年打到1964年，袁可嘉称对方为“极左派”，幸好官方没有出来下一个结论。在那样的环境下，他一面致力研究西方的民歌，一面则低贬西方的现代诗，认为现代诗的发展正揭示了半世纪来资本主义文学崩溃的过程。

“文革”期间，书籍不是锁起便是毁掉，笔记和手稿都得交上去。从1966年到1973年，袁可嘉的所谓研究完全停顿，他随着中国科学院人文与社会科学组的两千多名学者与作家，迁去河南的息县。从1970年7月到1972年7月，这一群人便在那里建屋而居耕地而食，每天当然还得上政治学习课。袁可嘉的笔记本上，显示那两年在创作上又是一片空白。

在今日的中国大陆，私人要研究学术或出版书籍，是不可能的，也就是说，大陆之大，只有袁可嘉和他在外国语文研究所里的六七位同事能“合法地”研究外国文学。他们不研究不译介的，大陆的中国人就无法接触。许芥昱和袁可嘉连谈了十小时之久。临别时，袁可嘉叮咛他的老同学：“千万不要引述我讲过的话而不说明当时的来龙去脉——哪，譬如‘只要你活得下去，便算是胜利’那一句，可不能解释成不满中国现状的表示啊。”

正是5月底，袁可嘉寓所外的巷子里，槐花纷纷落着。老同学站起来告辞，袁说：“我不送你上街了，想你不会在乎……我原要趁你回北京的期间来旅馆看你，并招待你来我家，可是组织把申请给退回来了。上面的批示说，每见一次，都得通过接待人员。我要是陪你出去，就太招人注意了。”

在北京时，许芥昱还见到西南联大的另一位同学，一位女同学，郑敏。当年在西南联大的学生之中，郑敏和穆旦、杜运燮齐名，并为众所注目的青年诗人。郑敏是女孩子，自然更加动人。她的诗风受了冯至和卞之琳的影响，走的是里尔克那种静观冥想的路子。她好静，也好古典音乐。抗战胜利后，她云美国留学，先后在布朗大学和伊利诺斯大学深造。1959年回去中国大陆，曾和袁可嘉同事于外国语文研究所。后来她又在北师大教书。许氏回去时，她住在清华大学的宿舍里，丈夫是清华的科学教授。

许氏一回到北京，就打听这位同学的下落。终于，旅馆里接待处的“同志”告诉他说，郑敏已经接上了头，就会约见他的。他先后去了两封信，都没有回音。许氏将去西安的前两天，径与袁可嘉闯去她的宿舍。她在家，却记不起许是谁了。许芥昱说他本来无意不约而访，不过她也该收到他的两封信了。她说：“是收到了，不过……不过我在想，实在不需要……”

袁可嘉在一旁帮腔，说许氏曾经把她的诗译成英文，收进他在

1970年出版的《二十世纪中国诗歌》之中，所以要见她一谈。当时室内正播着勃拉姆斯的音乐，她的答语嗫嚅难解。她把音量旋小，带客人到隔壁房里坐定。许氏说："除了你早期作品之外，我更想知道你近年写了些什么。"

"我什么也没有写。"

"你放弃写诗了吗？你失去兴趣了？"

"也不尽然，只是这些年来教书太忙。好多班，好多学生。大半都要特别照顾。"

许氏见两间屋里藏书不多，问道："西洋文学的现况，你一直在留意吗？"

"没多少空来读书。为自己班上准备讲义，已经够忙的了。"

她显然无意让许氏引上谈文论艺的话题。许氏取出他译的《二十世纪中国诗歌》，并指出她的作品。她匆匆一瞥，便把书放下，不肯翻阅，只说："我的东西不值得翻……我想你应该去访问别的作家。"许氏怅然，提起在美国西岸还有位西南联大的同班同学，常谈到她，知道许氏要回去，还托他向她致意。郑敏听了，也不动容，对西南联大旧事，一若无可回忆。

2

前文描述了许芥昱会见沈从文、冯至、臧克家、袁可嘉、郑敏等五位作家的经过。这几段，在篇幅上只占到此书的六分之一。许氏访问并译介的其他作家，还包括郭沫若、邹荻帆、贺敬之、浩然、李瑛等多位，其中许多名字是台湾的读者感到陌生的，而不少作品也只是普罗八股，并不值得研究。我不厌其详译述了沈从文等廿多年的遭遇，是因为许氏的报导不但是亲身经历，而且态度尚称平实、客观，对于关心中国新文学的人说来，实在是不可多得的资料。以下我要略述自己的感想。

沈从文是“五四”以来几位最杰出的小说家之一。许芥昱以受业弟子的身份惋惜这位名师竟然封起了彩笔，断绝了缪斯的缘分，自是人情之常。这种惋惜之情，在海外中年以上的中国人之间，是十分普遍的。沈从文出身于湘西的民间，熟悉中下层人民的生活，“对于农人与兵士，怀了不可言说的温爱，这点感情在我一切作品中，随处都可以看出。”（见《边城》的题记）真正了解农与兵的沈从文，偏偏不走工农兵的普罗路线，反而加入了自由主义作家与学者的阵容，当然要成为左派作家的公敌。不甘缄默的沈从文，对于三十年代的“一些理论家、批评家、聪明出版家，以及习惯于说谎造谣的文坛消息家”，也不时还以颜色。他的代表作《边城》里，既无阶级斗争，也没有所谓代沟，因此虽有湘西农村之现实，却无普罗文学之意识。中共的文学批评对沈从文一类的作家是这样形容的：“新月社是一个代表中国买办资产阶级的思想和利益的反动文学团体，它的主持人是胡适、徐志摩、梁实秋、沈从文等。”（见刘绶松所著《中国新文学史初稿》上卷241页，1956年北京版）。

在这样的背景下，沈从文放下他那枝“反动”的笔，逃避到“封建”的出土文物里去，毋宁是一个聪明的抉择。如果环境许可，视创作的冲动如生命的沈从文，是绝对不会轻易放弃文学的。不幸他已经没有了“合乎要求的生活经验”，再要写下去，就真要成为他所担心的所谓“绊脚石”了。

许氏的访问记中，有一点令我难释于怀。那便是学生回国，不能执弟子之礼趋谒师门，反而要令老师去拜访学生。沈从文亦竟淡然处之，读来令人感伤。打击知识分子的地位，最有效的方式，莫过于先低贬师道的尊严。也许是八亿中国人，只许有一位“导师”作之君作之师吧，所以远如孔子，也必须彻底打倒。然则一个沈从文，又算是什么呢？另有一点令人难以释疑的，是沈从文对他的旧日弟子忆述自己的文学生涯时，提到的四个人，依次是丁玲，胡也频，闻一多，江青。丁与胡是他在北京开始投稿时的潦倒文友，闻是他教书时的文学院长兼中文系主任，在他早期生活中固然十分重要，但是最后的一位竟提到江青而不及胡适与徐志摩，却令人不解。略谙新文学史的人，该都知道胡与徐对沈均有知遇之恩，介绍沈去中国公学教书的，是胡适，在《晨报》副刊上提掖沈的，是徐志摩。是因为胡、徐都成了“反动”作家而使沈忌讳他和新月的渊源呢，还是许芥昱因故略去不提，不得而知。难道读书人知遇之恩，也像师生之谊一样，在社会主义的“新生事物”之前失去了往日的意义吗?

至于臧克家，撇开政治立场不谈，以诗论诗，该是“五四”以来最有分量的诗人之一。早期他确有一些作品，包括短篇的抒情诗和中篇的叙事诗，称得上是精炼之作。他出身于新月之门，但是在体裁上打破了拘谨而单调的豆腐干体，在题材上更拓宽了视野，乃成为三十年代的重要作家。论者喜欢把他和艾青相提并论，其实艾青中文很差，也太欧化，不如臧远甚。可哀的是，臧克家的佳作多为“旧社会”的产品，到了“新社会”里，所谓“形势大好”之后，他反而退步了，甚至到了难以辨认的程度。1957年，齐放的百花忽然都成了毒草，丁玲等作家一一被芟，臧克家却主编起《诗刊》来。“文革”之后，《诗刊》迟迟不见复刊，直到今年（1976年）1月，才在“伟大领袖毛主席和党中央的亲切开怀下”重新出刊。臧克家在“编者的话”中说：“《诗刊》要实现它所担负的任务，必须以马克思主义、列宁主义、毛泽东思想为指导，认真贯彻执行党的基本路线，贯彻执行毛主席的无产阶级革命文艺路线。”根据该刊第62页的统计，“文革”以来，“从1972年到1975年10月，中央和地方出版社出版的诗集共237本。其中1972年64本，1973年65本，1974年73本，1975年1月至10月35本。这些诗集的作者，大多是工农兵。”至于这些诗集的内容，则是“热情歌颂了文化大革命，歌颂了层出不穷的社会主义新生事物，歌颂了毛主席的革命路线，批判了资产阶级和修正主义，塑造了无产阶级专政条件下继续革命的工农兵英雄形象。”换句话说，只有一个狭窄的主题：歌功颂德。237本诗集等于一首。臧克家自己发表的一首诗如下：

“毛主席”巨手指道路。
青天也能上得去！
旧的淘去新的来，
二十六年风和雨．
成就璨烂金山高，
胜利战线一条条。
东风又报春消息，
奋战热潮压海潮。

如果这就是所谓民族的形式或是所谓欢悦的歌声，那只能说是一种退步。这样的作品，和古代的“奉和圣制”之作，在本质上不知有什么不同？

除了臧克家还能用这么粗鄙的方式偶或写他的应制诗之外，早期的作家几乎是全部封笔了。从沈从文、冯至、袁可嘉、郑敏等例子看来，中年以上的作家就像一群被人废了一身武功的豪侠，洞察、想象、表现的魔力完全失去，缪斯的天赋完全任其浪费。在所谓“新社会”里，他们又像勤奋致富的人，一梦醒来，手上的钱都贬了值，无人一顾，像一把冥钞。前半生的成就非但不能予他们以自豪，反而可以解释为种种缺陷或罪行，成为恐惧和烦恼之源。许芥昱的出现，点醒了他们的回忆，带来了他们夭亡的梦，令他们悔恨，或者蠢蠢不安。

“他看来像一个无所遗憾的人”，是许芥昱送别他沈老师时的一瞥印象。然则他原先的预感里，毕竟是准备见到一位心有遗憾的老人了。熟读英美现代诗的许教授，是不会不知道文学中的暧昧语法（ambiguity）的。前面的这句话，可以解释为“他看来像是无所遗憾，实际上却是心有憾焉”。本书的许多篇访问记，文笔在含蓄之中有很多暗示，弦外之音得向字里行间去细细体会。许氏以旅美的自由之身，来记述身不由己连接见“贵宾”也要“组织”批准的旧日师友，除含蓄之外，恐怕也别无他途了。许氏在大学时代也是一位抒情诗人，他的文字在平实冷静之间蕴着一股似淡而实浓的怀旧之情，写沈从文的自抑和郑敏的自弃那几段，淡淡着墨，却分外感人。他的英文干净而地道。在这方面，本书自有其文学上的价值，不尽是报导与译介。

本书的绪论长逾万言，对于大陆文艺的发展与现状，均有扼要的报导，颇有参考的价值。许芥昱在大陆的六个月期间，把他在北京、西安、洛阳、青岛、武汉、郑州、长沙、广州等地的书店里见到的文艺书籍列了一张表，共得57种，其中半数以上都是描写工农兵理想形象的小说选或诗选。作者全是新人，而同一名字绝少出现在两本书上。至于1960年以前就已成名的那些作者的书，则已全部绝迹。文艺书刊的出版和发行均为官营，不谈“人民文学出版社”和“新华书店”，且以专销海外的“外语出版社”为例，已经不再供应1972年以前的出版品了。如果有些图书馆还藏有“文革”以前的作品，那也只有党方信得过的极少数人才看得到。在今日的大陆，四十岁以上的一代，几乎没有人乐于写作。版税已成非分之想，甚至有些书在出版时不署作者的名字，只算是集体创作，而即使有作者的名字，那位作者也不愿别人把他当作作家。所谓“个人英雄主义”的倾向，该是难以担当的罪名吧。

在卷首的短序里，许芥昱一面坦承今日中国大陆的文艺是透明的政治宣传，一面又企图为它辩解，说它毕竟是新社会新价值的产品，不宜用知识分于自由的标准去衡量。他说：“利用文学来宣扬道统并巩固理想的政治制度，据说是始于孔子；新中国的文学继承的正是这个传统，只是更求彻底而已。”这恐怕是很难自圆之说。

孔子删诗之说，疑者甚众，难以成立，但儒家推行诗教，以《诗经》为范本，则是定论。“诗：可以兴，可以观，可以群，可以怨。”正是《论语》所载孔子的诗观。即使在两千多年后，这种诗观仍是圆通可取的。兴和怨，照顾到个人的感情，观和群，则强调社会的意义——合而论之，则言志和载道，浪漫和写实，似乎都兼顾到了。朱熹《诗经集注》一开卷便说明：“诸侯采之以贡于天子，天子受之而列于乐宫，于以考其俗尚之美恶而知其政治之得失焉”这种作法，多少具有寻求客观真相的企图，和纯由主观出发的政治宣传是颇有距离的。前文所引《诗刊》编者所强调的文艺任务，如“执行党的基本路线”等等，是从主观意念出发，并不能达到孔子所谓“可以观”的功用。大致说来，今日中国大陆的文艺只“可以群”，不“可以观”，至于兴和怨，更不在允许之列。

“有周不显，帝命不时。文王陟降，在帝左右。”这样子的诗句，在《诗经》里占的分量并不很重。但是翻开前述《诗刊》，九十多页的篇幅，每页却平均要歌颂几次“毛主席”。“殷之未丧师，克配上帝。宜鉴于殷，骏命不易。”对于敌人，周室的态度是敦厚得多，自谦得多了。而中共，即使对于自己的所谓走资派，也没有这样的风度。

至于“可以怨”的作品，在儒家诗教这范本里，却占了很重的分量。诸如《硕鼠》、《伐檀》、《兔爰》、《葛藟》、《柏舟》、《何草不黄》等等诗篇，对于政府、社会、战争、都有不平之鸣。《硕鼠》和《伐檀》是农人的哀歌，《何草不黄》是征人的怨曲，这些正是周朝的工农兵文艺，真正发自二农兵心底的声音，但是中共目前的工农兵文艺之中，这种作品是不可思议的。至于知识分子的不平之鸣，如《邶风·柏舟》所发者，就更无机会发表了。

“人民文学出版社”1958年北京版的《中国文学史》31页，有这么一段：“周代民歌，几千年来，就像一颗巨大的明星，永远闪耀着绚丽的光辉。而在今天我国大跃进形势中产生的成千上万首民歌——新时代的国风，较之三千年前出现的国风要更加光辉绚丽。”这只是一厢情愿的想法罢了。如果工农兵文艺只能歌颂社会现状，鼓吹革命的理想主义，也就是说，只“可以群”的话，则这种作品只能称为“颂”，不能叫做“风”吧。在同书同章中，又说明《七月》、《式微》等等诗篇如何表现了劳动农民对统治阶级的不满之情。问题就在这里：如果《诗经》纯然是儒家用来宣扬正统并巩固政权的工具，则三百篇中何以不把这些怨诽之作悉数删去？这些诗篇，加上许多“野有蔓草”之类的男女相悦的“个人主义”之作，都被保留在三百篇中，这正说明儒家的政教合一之中，“政治挂帅”的程度仍是有限的。反观大陆的尺度就紧得多了：今日大陆上，胡适、徐志摩、沈从文、朱光潜等的书被禁，自是意料中事，但是连艾青、田间、丁玲、胡风，甚至周扬等等嫡系左翼作家的作品也全都绝迹于坊间，则是绝对的排他性之明证。鲁迅是唯一的例外，但根据《敢有歌吟动地哀》主编吴甿的亲身经验，得知鲁迅的作品在大陆也不能窥见全貌。

说大陆的文艺是儒家文艺传统的继承与加强，是说不通的。“我本楚狂人，凤歌笑孔丘。”“儒术于我何有哉，孔丘盗跖俱尘埃。”古代的诗人敢这么说，大陆的作家对目前的道统敢这么说么？许芥昱是比较文学的教授，而比较文学在本质上肯定文学的弹性和多元性，是不可能去支持一种批古斗今唯我独尊的文学的。许教授的新书以“中国文坛近貌”为名，而于近三十年来台湾的文学一字不提，令人感到遗憾。他生活在自由的海外，也曾两度去过台湾。他在美国西岸教书，他的北边是诗人叶珊，南边是小说家白先勇，对于台湾的现代文学该是难以避免的。许教授自己在书中曾说，“文革”期间，中国大陆的文学一片死寂，前后达七年之久。我们乐于指证，就在那七年之中，幸而中国还有一个岛弦歌不绝，文学的创作相当蓬勃。一位比较文学的教授，如果只肯注目于荒芜而竟无视于青葱，就未免太偏了。退一步说，近年在台港出版的文艺书中，也有好多部表现的是大陆社会的亲身经历。《尹县长》和《敢有歌吟动地哀》是两个有名的例子。这里面的经验，和浩然书中的似乎很不相同。漏掉了这种经验，《中国文坛近貌》里的近貌，恐怕就难以称为全貌了。

——1976年“七七”纪念

离台千日

——《青青边愁》纯文学版后记

离开台湾，那永恒而多雨的家岛，一回头竟已是千日悠悠了。自从二十七年前在基隆登陆，踏上那芬芳的沃土以来，曾多次告别她的海岸，但没有一次像这么长久。另一方面，香港三年虽为新居，亦属重游。早在二十八年前，大陆剧变，我正是大二的学生，从厦门迁来香港，在铜锣湾道住了将近一年。港大进不去，失学更失业，那一年的流亡生活是十分苦闷的。在缤纷的港报上，古赤县终于遍地赤土，乃随母亲东航台湾。载我们进基隆港的海船，便是从香港启锚的。

二十七年一弹指间，再来香港，伴我的却是妻子和四个女儿。哀哀母亲，生我劬劳，早已火化，入土于俯瞰碧潭的山上了。昔日的失学青年，变成了今日的大学教授，早生华发，人生如梦。在过海的渡轮上，凝望着波上千矗的蜃楼水市，这些，常是我反刍的感想。设若二十七年前不曾东渡，留在香港，则中环簇簇的摩天楼上，哪一层写字楼哪一扇临海的窗里，该已消磨了我的半生？设若当时我引颈北望，青山一发重归乡国之茫茫，则反反复复热热冷冷的大小运动里，曾呐过怎样的喊摇过什么样的旗，“文革”的劫灰里，我是哪一只焦了的凤凰哪一张黑了的脸？设若，设若……彼岸此岸的渡船。

可幸我的选择是向东，向郑成功的故垒吴凤的旧乡，向不周山外长青的蓬莱。一路通千路，再回头我已是另一个人，缘结成网，纵此身东飘西荡，此心固长在网里，牵一丝而全网都撼动。亚热带，哎，蓝得无奈的海波为它滚一条美丽的白花边，那东南的半壁洞天，托过我最忙碌最激昂最最快乐的半生，长街短巷，一草一木，万般皆有情。那一片沃土，下面，埋葬我母亲的慈骨，上面，肩相摩踵的行列奔赴着我所有的朋友，识与不识，一千六百万自由的意志是一个意志，筑成海上的长城，弦歌不绝。那一片土地上，我曾经为人子弟与弟子，做过朋友、情人、新郎、丈夫、父亲、老师、尉官，和作家。四个女儿生下来，头朝下，脚跟握在护士的手里，倒吸的第一口气，便是那上面的空气。

台湾对我，是鼓励，是安慰。香港，却是陌生的挑战。往难处走，三年前，我的选择是挑战。这挑战是四重的。第一重是粤语的世界，国语反成了少数，对自己的同胞说英文，又不伦不类。来此三年，四个女孩子早已“粤化”，只有我和我存的本地方言，仍然“水皮”得很。好在听的时候，我可以懂到八成或更多。上课或演讲，我说我的国语，学生说他们的粤语，双方把耳朵竖直一点，南腔北调，也就依稀可通了。

第二重挑战是对立而分歧的政治环境。来港前夕，夏志清在信里早已预言，说我定然受不了左报左刊的攻击，情绪不会愉快。我回信说，没有关系，我对被骂一事不无训练，耳皮早磨厚了。果然来后不久，我的直言不悦左耳，一阵排炮自左轰来，作者站在暗处，多用笔名，显得人多势众的样子。老实说，那样的炮声并不震耳，我笑一笑，且当欢迎的礼炮听吧。四十年前，胡适、徐志摩、梁实秋、林语堂等人的经验，也许就是这样吧？这些作家的名字，在左派的新文学史上，固然都被涂黑了，但是当日左联那许多名作家，曾经是活跃的前进的，现在又在哪里呢？丁玲、胡风、田汉、吴晗，甚至周扬自己，又在哪里呢？即使我摇身一变，变成了左派作家，十年后、三十年后，我又身在何方？我的作品命运又如何？只为了听一个人自言自语，就要把整个民族改造成有耳无口的收听器，这种作风，无论如何是不能接受的。想起远如孔子近如“最亲密的战友”无不遭批，则我身上的这一点灰尘，拂去便罢，其中细节原不值得向国内喋喋报导。

第三重挑战是不利文艺的重商社会。香港本身生产极少，端赖工商立埠，本质上不是一个人文社会，加以对中文不够重视，中学教育又偏重英文，因此一般中文程度难以提高。纯正的文学期刊不多，报纸的副刊又方块割裂，自由投稿的机会很少，新人的出现率十分之低。投稿如此，出书更难。林以亮、刘以鬯、徐讦、思果、也斯等作家反而在台北出书。至于本地写作多年颇有文名的诗人，如戴天、西西、锺玲玲等，迄今竟未结集出版。这样的环境实在是很难自成一个文学传统的。今年从美国回港在中大英文系任教的郑臻，就说过当日他忍受不了这种环境，才去台湾读书的。但他又表示，十年后的香港文坛，比起他当日所知，已较有活力了。

郑臻说得不错。香港文艺运动的活力，首赖热情而勇敢的广东青年。中文大学和香港大学两校的学生会，联合举办了好几届的“青年文学奖”，应征的稿件分为诗、散文、小说、戏剧、报告文学、文学批评六类，优胜的作品更印行专辑，对香港大专和中学的文学创作风气鼓励很大。两校的“文社”也经常举办演讲会和文艺营之类的活动，以补正规文艺教育之不足。1976年夏天，“全港学界征文比赛”和“突破杂志社征文比赛”，规模也颇大。另外一个人规模的文艺活动，是每年11月举办的“香港校际朗诵节”，参加的中、小学生在千人以上，语言分为国语、粤语、英语，朗诵的选材则分为古典诗词、古文、新诗、现代散文等等。这种种活动我不免都要参加，不是担任主讲，就是担任评判。

黄国彬、陆健鸿等主编的《诗风》月刊，已经有五年多的历史，对香港现代诗的运动颇有贡献。何福仁、江游等主编的《罗盘》诗双月刊才出版了两期，创作和评论亦见气象。这两份诗刊，加上综合性的《大拇指》和《香港时报》的副刊，成为支持现代诗最力的几份刊物。我除了在稿件上或精神上支持他们之外，有些作品也发表在《明报月刊》和《星岛副刊》上。近两年来，更为《今日世界》每月写一篇专栏。

第四个挑战是转系改行。在台湾教了十几年的外文系，来中文大学后，不但改在中文系教书，更担任了中文系的行政工作。这对我来说，是不大不小的“职业震撼”，颇须要一番适应的。我开的课先后包括“中国新诗”、“中国现代文学”、“比较文学”，和中文硕士班的“新文学研究”；今秋将再开一门“高级翻译”。五四以后三十年间的新文学，我在大陆的少年时代原已濡染有年，去台湾之后遂少接触，而仍能接触的少数作家，如徐志摩、朱自清、郁达夫等等，正好是台湾现代文学欲加超越的对象。现在轮到自己来教这门课，不免耐下心来从头读起。坦白地说，早期的那些名作家，尤其是诗人和散文家，真能当大师之称的没有几位。同样是备课，我从他们那里能学到的东西，远不如以前教过的“英诗”，“现代诗”和“英国文学史”。但是不成功的作品甚至劣作，仍然可以用作“反面教材”。在文学课上，教学生如何评断劣作，其价值，不下于教他们如何欣赏佳作。

《青青边愁》是我的第六本散文集，里面的文章，除了《庐山面目纵横看》和《山中十日，世上千年》两篇之外，全是来港三年间的作品。第一辑八篇都是抒情散文，除前两篇曾在台港两地的报纸副刊上同时发表外，其他六篇都载于《今日世界》，尤其是最后的三篇，当时限于篇幅，可惜未能放手挥笔。有一位朋友看过《花鸟》，对我说："这不大像你的作品。"其实，该怎样写才像我自己的作品呢？我应该定下型来，专写雄奇磊落壮怀激烈的宏文吗？我的笔有兴趣向四方探索，有时也不妨写些闲逸小品，或是静观自得的工笔画。

第二辑是小品杂文，大半得自《今日世界》的专栏，也因字数所限，未得畅所欲言。例如《茱萸之谜》，我手头的材料原可写成万字长文，当俟有暇加以扩充。《哀中文之式微》在《今日世界》发表后，曾于今夏在政大西语系出版的《桂冠》上转载。《民歌的常与变》载于《中央副刊》，是杨弦那张唱片引起的民歌论战文章之一。事隔年余，台湾青年歌手们掀起的新民歌运动，近日更见活力，至少比起被动地接受美国摇滚乐来，是自觉得多了。

第三辑七篇全是文学批评，所评者有现代诗和早期新文学的诗和散文。评论戴望舒、闻一多、郭沫若、朱自清四家的文章，都是我在中文大学讲授新文学的副产品。我用过的教本上，评点各家作品的得失，每页都有密密麻麻的红笔眉批，稍加整理，可以发表的论评还有很多篇。坊间有关新文学的批评很少，有分量的尤难一见。新文学史倒是有好多部，可是往往政治挂帅，偏于一党之言，不然便是流水帐式的一堆史料，除了作家的生平和书目之外，对于作品本身，反而蜻蜓点水，走马看花，少见深入的分析和犀利的评价。早期新文学的批评，必须超越这种"普罗八股"和"泛述草评"的困局，才能建立学术的严谨。这块新地显然有待耕耘。

第四辑五篇全是书评。被评的五本书或为诗，或为小说，或为翻译，或为英文著作，性质完全不同。《庐山面目纵横看》的文题，是借自苏轼的名句，以喻我国古典文学之英译，往往难窥真相：纵看乃指原文，横看则为译文了。《山河岁月话渔樵》两年前在《书评书目》发表时，是“讨胡”之师的首役。当时对此才高于德的垂暮老人恻恻然心存不忍，未将书评投给大报副刊，不料竟触怒了该书的出版社，事后不但国恨移作私嫌，且在该社的宣传刊物上删去我文中的大贬，突出我文中的小褒，把这篇书评加以歪曲的运用。其实在民族的大节之下，一家出版社的荣辱得失不过是绿豆芝麻的细节。那家出版社无论什么人——即使是我的父亲——办的，那本书我仍是要评的。那家出版社也出版过不少好书，这个污点拭去便是，国人的公论应该虚心接受，不应闪烁逃避。《闻道长安似弈棋》去年七月在《联副》发表之后，不久就收到《中国文学近貌》作者许芥昱先生的来信。受评人措词温厚，风度良好，除了对我文中的某些问题略有解释之外，表示无意公开答辩。许先生和我见过两次面，我们也有一些共享的朋友，算得上是旧交了。我的书评夹译夹叙，转述多于评析，末段所论或稍苛求，但所评实以工农兵文艺政策为主，想许先生当能了解。

至于来港后所写的诗，迄今不过四十首，还不够出书的分量，也许要再遇两年才能成集。上个月回去台北，不少朋友都表示关切。说我的作品近来似乎很少了。我的回答是，比在台北时确是少了一点，但比起旅美期间仍丰盛得多。有些文章，例如《评戴望舒的诗》和《新诗的评价》等，只在香港的刊物发表而不见于台湾的报章杂志；其实这本散文集已达三百多页，却是我六本散文集中最厚的一部。

——1977年8月于香港